Direktion und Belegschaft
der Chemischen Fabrik
Bindschedler & Busch, frühe
1880er-Jahre.

Schweizer Pioniere der Wirtschaft und Technik
Band 105

Judith Burgdorfer
Karl Lüönd

DIE BINDSCHEDLERS
Bürgersinn – Wagemut – Innovation

INHALT

06 Auftakt

10 Einleitung
Seit 1365 selbstbewusst, aktiv, manchmal streitbar – Vom Zürichsee in die Stadt – Begütert, unternehmerisch, gelegentlich provokativ – Anatomie eines Familiennamens – Fünf eindrückliche Pionier-Biografien

I
18 Robert Bindschedler *(1844–1901)*
Kindheit und Lehrjahre – Von Bindschedler & Busch... – ...zur Gesellschaft für Chemische Industrie AG – Heikles Kartell – Gewagte Verteidigungsstrategie – Pionierleistungen

II
34 Andreas Bindschedler *(1806–1885)*
Vom Lehrling zum Fabrikdirektor – Familie und Geschäft eng verknüpft – Sanierung und Verkauf der Spinnerei in Feldbach – Offen für Neues, zurück zu den Wurzeln – Florettspinnerei in Niederuster – Neue Spinnerei mit Turbinen-Wasserkraft – Ein riskantes Geschäft

III
48 Albert Bindschedler *(1814–1871)*
Unruhiger Geist, rastlos reisend – Kapitalmangel zwang zu Lohnarbeit – Escher Wyss und Honegger vertrauten der Erfindung – Handelskrisen dämpften die Investitionslust

IV

62 Rudolf Gottfried Bindschedler
(*1883–1947*)

Vom Kirchenrecht... – ...zum internationalen Banking – Kontakte zur Finanzwelt, Industrie und Politik der USA – Wandel im Bankgeschäft – Emission innert 48 Stunden – Hohes Ansehen der Schweizer Banken in den USA – Kollateralschäden des Börsenkrachs – Skepsis gegenüber dem «New Deal» – Die Liebe zur Wissenschaft

V

78 Ernst Rudolf Leo Bindschedler
(*1915–1991*)

Werdegang eines Botschafters – Selbstironie, klare Aussprache, Understatement – Bürger und Soldat – Vertrauter von fünf Bundesräten – Attraktives Angebot, aber nur drei Monate Kündigungsfrist – Für den Beitritt zur «üblen Gesellschaft»

ANHANG

90 **Bibliografie**
92 **Bildnachweis**
93 **Dank**
100 **Impressum**

AUFTAKT

*«Wohl dem, der seiner Väter gern gedenkt,
der froh von ihren Taten, ihrer Grösse,
den Hörer unterhält und, still sich freuend,
ans Ende dieser schönen Reihe sich geschlossen sieht!»*
    Johann Wolfgang von Goethe:
    Iphigenie auf Tauris (Iphigenie 1,3)

Starkes Familienbewusstsein und diskreter Stolz auf die vollbrachten Leistungen haben in der Familie Bindschedler dazu geführt, dass das Erbe der Vorfahren ungewöhnlich sorgfältig gepflegt wird. Diesem glücklichen Umstand ist es zu verdanken, dass die Rudolf Gottfried Bindschedler-Familienstiftung, im Jahr 1918 von unserem Grossvater ins Leben gerufen, heute über reichhaltiges Archivmaterial verfügt. Dieses dokumentiert ausführlich längst vergangene Zeiten und lässt Lebenswege lebendig nachzeichnen.

Am 11. Januar 1365 verkaufte Rudolf von Herdiberg zwei Kammern Reben an Grinis Halden in Erlenbach für 22 Gulden an Rudolf Senger, Kaplan an der Probsteikirche Zürich. Bezeugt wurde der Verkauf von «Heinrich von Herdiberg, genannt Bintschedeler». Die Akte dieses Verkaufs gilt als erste, wissenschaftlich belegte Erwähnung des heutigen Namens Bindschedler. Seither sind 650 Jahre vergangen. Die Bindschedler, in der Schweiz auch unter der Schreibweise «Bindschädler» auftretend, sind eine weit verzweigte Gruppe von Schweizer Familien. Insgesamt sind in den Jahren zwischen 1500 und 2015 rund 2000 Namensträger und weitere Namensvarianten im In- und Ausland identifiziert worden. Unter der Leitung von Martin Bindschedler wurde die genealogische

Website www.bindschedler.name ins Leben gerufen, welche, nebst einem umfangreichen, wissenschaftlich aufgearbeiteten Konvolut, Biografien und sorgfältig transkribierte Originaldokumente über etwa dreissig Mitglieder von Bindschedler-Familien enthält. Sie ermöglicht einen ausgesprochen lebensnahen Einblick in das Alltags- und Geschäftsleben insbesondere des 19. Jahrhunderts in der Schweiz. Die Website wurde aus Anlass der Recherchen zu diesem Buch ergänzt durch eine Anzahl von biografischen Skizzen über hervorragende Namensträgerinnen und Namensträger aus allen erdenklichen Gebieten: Literatur, Jurisprudenz, Diplomatie, Bildungswesen, Religion etc. Die genealogische Forschung, die sich oftmals über Jahre erstreckt, geht kontinuierlich weiter; im gleichen Ausmass wird sich auch die Familienseite erweitern.

Herausragende Bindschedlers haben in der Zürcher Textil- und in der Gründungszeit der Basler chemischen Industrie, im Militär, in Verwaltung und Diplomatie, aber auch im Finanzwesen, in der Wissenschaft und in der Kultur wichtige oder interessante Rollen gespielt. Dieser Band versammelt fünf ausgewählte Lebensgeschichten in der Absicht, Umrisse der Schweizer Gesellschaft im 19. und 20. Jahrhundert anhand konkreter Einzelfälle nachzuzeichnen. Unternehmerischer Wagemut, staatsbürgerliches Verantwortungsbewusstsein, Internationalität, Individualität und Zivilcourage kennzeichnen die Lebensleistungen der porträtierten Persönlichkeiten.

Mit dieser Publikation beabsichtigt die R. G. Bindschedler-Familienstiftung, anhand konkreter Beispiele die Bedeutung des aufrechten Bürgersinns, der wirtschaftlichen Leistungsbereitschaft und der gesellschaftlichen Verantwortung einem breiten Publikum vorzulegen. Die komplexen historischen Stoffe wurden der besseren Verständlichkeit halber journalistisch aufbereitet.

Stiftungsrat der R. G. Bindschedler-Familienstiftung

Georges Bindschedler   Rudolf Bindschedler   Catherine Kull-Bindschedler

Familienwappen der Bindschedlers aus dem Egli-Wappenbuch der Stadt Zürich, 1860.

EINLEITUNG

Seit 1365 selbstbewusst, aktiv, manchmal streitbar

Die Bindschedlers zählen zu der Gruppe von Geschlechtern, die aus dem niederen Adel hervorgegangen sind. Sie erscheinen schon im 14. Jahrhundert als Seitenlinie des auf der Burg Herrliberg sesshaften Geschlechts «von Herdiberg» oder «von Herrliberg». Dieser feste Sitz erhob sich ehedem in unmittelbarer Nähe des prächtigen Landguts zur Schipf, auf dem ersten Plateau auf der sonnigen Seite des Zürichsees.

Die ersten urkundlich belegten Erwähnungen des Namens Bindschedler fallen ins Jahr 1365. Wie im Auftakt erwähnt, tritt «Heinrich von Herdiberg, genannt Bintschedeler» im Januar dieses Jahres erstmals als Zeuge eines Rebenverkaufs auf. In einem weiteren Verkaufsdokument über «sechs Graben Reben», datiert vom Dezember 1365, treten die Geschwister Johans, Heinrich, Rudolf und Mechthild von Herdiberg direkt als Verkäufer auf. Ebenfalls werden die Güter des «Heinrich von Herdiberg, genannt Bindschedel» zur Lokalisierung des Rebguts verwendet. Dieser Heinrich von Herdiberg, genannt Bindschedler, sowie Rudolf von Herdiberg, gemäss der Urkunde von 1365 dessen Bruder, traten im 14. Jahrhundert verschiedentlich bei Grundstückgeschäften hervor, sei es als Parteien, sei es als Zeugen. Offenkundig gehörten sie zur wohlhabenden Oberschicht am rechten Zürichseeufer.

Vom Zürichsee in die Stadt

Früh schon war das Geschlecht sowohl im angrenzenden Gebiet von Erlenbach, wo es den Beinamen Bindschedler erhielt, als auch in der Stadt Zürich vertreten. Am 20. Mai 1375 wurde Heinrich von Herdiberg, genannt Bindschedler, als erster Vertreter seines Geschlechts in der Stadt Zürich eingebürgert. Schon ein Jahr später zahlt er als «Heinrich Bindschedler von Erlibach, Burger bi dem Sew», also als sogenannter Ausburger, eine Steuer von 4 Pfund und 14 Schilling, was auf ein beträchtliches Vermögen schliessen lässt. Am 17. Dezember 1384 wurde auch Rudolf von Herdiberg Stadtbürger.

Ausburger waren eine zürcherische Besonderheit, die schon im elften Jahrhundert bestand. Sie wohnten ausserhalb der Stadt auf dem Lande, waren jedoch den Bürgern in der Stadt gleichgestellt. So genossen sie alle Rechte und den Schutz der Stadt, mussten jedoch ebenfalls der Stadt dienen und ein städtisches Haus besitzen. Je nach den Zeitläuften wurden bei starker Zuwanderung die Zulassungsvorschriften verschärft, oder sie wurden gelockert, wenn die städtische Bürgerschaft etwa durch Pestzüge oder die Mordnacht von 1350 geschwächt war. So verfügten der Bürgermeister und der Rat, dass jeder als Burger der Stadt betrachtet werden solle, der in der Stadt wohnhaft oder anwesend sei, ja man musste sich sogar innert vier Wochen melden, wenn man ausdrücklich auf das Bürgerrecht verzichten wollte. Das Bürgerrecht war damit nicht mehr an Vermögen und an den Besitz eines Stadthauses gebunden.

Vom Hauptstamm des auf der Burg zu Herrliberg ansässigen Geschlechtes von Herrliberg trennte sich schon im 14. Jahrhundert ein Zweig ab, der sich im benachbarten Gebiet im Gemeindebann Erlenbach niederliess und sich mit Landwirtschaft und landwirtschaftsnahem Handwerk beschäftigte. Zur genauen Unterscheidung gegenüber der Stammfamilie belegte man diese Linie mit dem Beinamen «Bindschedler», der nach aller Wahrscheinlichkeit darauf hinweist, dass der erste so bezeichnete Namensträger von Beruf Fassbinder (Küfer) war. Er übte also ein Handwerk aus, das in der schon damals von Reben gesegneten Gegend gebraucht wurde. Das an den Burgplatz grenzende Gelände, auf dem die «von Herrliberg, genannt Bindschedler» wirtschafteten, heisst denn auch seit Jahrhunderten «im Bindschedler». Der Beiname wurde zum Familiennamen, doch blieb die doppelte Bezeichnung noch lange erhalten. Die Stadtkanzlei Zürich verwendete sie noch bis zum 16. Jahrhundert.

Begütert, unternehmerisch, gelegentlich provokativ

Die Bindschedler von Erlenbach nahmen früh schon eine angesehene Stellung ein; sie gehörten, nach den Steuerrodeln zu schliessen, auch zu den wohlhabendsten Bewohnern der Gemeinde. Aus Dutzenden von Eintragungen in Taufregistern, Grundbüchern und Gerichtsakten ergibt sich das Bild einer weit verzweigten Sippe von begüterten Grundbesitzern und unternehmerisch gesinnten Bauern und Handwerkern. Die angesehene Stellung der Familie kam auch in mancherlei Beamtungen zum Ausdruck, die einzelnen Bindschedlers anvertraut wurden. Während mehrerer Generationen lag beispielsweise das Amt des Landschreibers der Gemeinde Erlenbach bei der Familie Bindschedler.

Durch die Jahrhunderte ziehen sich die Spuren der Namensträger des Bindschedler-Geschlechts: Zahlreiche urkundliche Erwähnungen von Gesuchen, Streitigkeiten, Steuersachen, Ratsbeschlüssen und anderen amtlichen Verrichtungen ergeben insgesamt das Bild eines Clans aus der bürgerlichen Oberschicht, der eifrig bemüht war um die Wahrung und Mehrung seiner eigenen, aber auch der öffentlichen Interessen. Um die Mitte des 17. Jahrhunderts gab es in Erlenbach acht bis zehn Haushaltungen mit dem Namen Bindschedler. Sie fanden ihr Auskommen vor allem in der Landwirtschaft; daneben beschäftigten sich einige mit Handwerksberufen, beispielsweise als Zimmerleute oder Spillenmacher. Der Spillenmacher stellte als Drechsler Spindeln für die Spinnräder her. Aber auch im Handel waren die Bindschedlers bereits vertreten, so beispielsweise als Ankengrempler, die als Kleinhändler Butter verkauften.

a

b

a | Sicht auf Herrliberg vom Zürichsee aus; links ist die Schipf zu sehen, Brupbacher 1794.
b | Bindschedlen auf der Karte von Hans Conrad Gyger, 1667.

Wann genau sich die ersten Bindschedlers tatsächlich in der Stadt Zürich niedergelassen haben, ist unklar. Nach Familienhistoriker Martin Bindschedler muss dies in der zweiten Hälfte des 15. Jahrhunderts der Fall gewesen sein. Ein Vertreter des Bindschedler-Geschlechts wurde zu Beginn des 16. Jahrhunderts Zwölfer auf der Zunft zur Meisen und Landvogt in Andelfingen. Aus dieser Familie dürfte der Pfarrer Jakob Bindschedler stammen, der den Bülacher Familienzweig begründete. Dessen Nachfahren wanderten um 1700 nach Unter- und Oberöwisheim (heute Stadtteil von Kraichtal, Landkreis Karlsruhe) aus. Sie nennen sich heute «Bindschädel».

Einzelne Mitglieder der in Erlenbach verbliebenen Familie scheinen wegen Erbstreitigkeiten zur Emigration gezwungen worden zu sein. Im Jahr 1561/62 zog Peter Bindschedler, geboren um 1530, nach Männedorf um und begründete dort einen dritten Familienzweig. Aus dieser wiederum weit verzweigten Familie stammen sämtliche in diesem Buch porträtierten Persönlichkeiten.

Anatomie eines Familiennamens

Es liegt in der Natur der unternehmerischen und aktiven Bindschedlers, dass sie sich schon früh an der aufkommenden Industrialisierung beteiligten. Andreas Bindschedler begründete 1846 eine Seidenspinnerei in Niederuster und damit die vielfältige textilindustrielle Tradition, die mit diesem Namen untrennbar verbunden ist. Sein Sohn Friedrich August Bindschedler, der die Spinnerei nach dessen Tod übernahm, liess auf seine Fabrikherrenkutsche als Familienwappen, gewissermassen als Markenlogo, ein Sujet mit zusammengebundenen Schädeln malen – eine ebenso naheliegende wie falsche Interpretation des Familiennamens.

In Wirklichkeit bezeichnet der Name Bindschedler ein hoch spezialisiertes Holzhandwerk. Der «Schädler» oder «Scheffler» war ein der Küferei nahestehender Handwerker, der wohl das Trockenmass «Scheffel» herstellte. Rolf Rosenbohm-Bindschedler, der diese Namensgeschichte eingehend untersucht hat, kommt zum Schluss, dass der Bindschedler möglicherweise eine bestimmte Technik anwandte, um die Dauben seiner Gefässe zusammenzuhalten beziehungsweise zusammenzubinden. Dieses Verfahren gab dem Massgefäss und schliesslich dem Verfertiger den Namen. Bindschedler und Schedler, beide Schreibweisen bis heute auch mit ä vorkommend, sind folglich Berufsbezeichnungen für bestimmte, mit der Küferei eng verwandte Tätigkeiten bei der Herstellung von Holzgefässen. Da diese Bezeichnung nur in der Schweiz vorkommt, darf man vermuten, dass sie in engem Zusammenhang steht mit der an Reben reichen Zürichseegegend. Klar ist, dass im Mittelalter eine grosse Zahl spezialisierter Handwerker existierten, die eine Vielzahl von Gefässen aus Holz für die verschiedensten Anwendungen in Haus und Hof, in der Milchwirtschaft oder im Rebbau herstellten.

Fünf eindrückliche Pionier-Biografien

Fünf Bindschedlers bieten sich für die Schweizer Pioniere der Wirtschaft und Technik besonders an, denn sie vollbrachten ausserordentliche Leistungen, wenngleich diese nicht immer von Erfolg gekrönt waren. Ihre Lebensgeschichten sind zudem gut dokumentiert, sei es durch persönlich verfasste biografische Aufzeichnungen, sei es durch Archivmaterial.

Robert Bindschedler (1844–1901) wurde in Winterthur geboren. Er war der erste Chemiker in der Leitung einer Basler Chemiefabrik. Der Wirtschaftshistoriker Tobias Straumann bezeichnet ihn als Wissenschafts-Manager, denn er verknüpfte Hochschule und Industrie. Mit dem Unternehmen, das auch seinen Namen trug, wagte er als erster den Schritt von der Farbenproduktion in den Pharmabereich. Die Universität Zürich verlieh dem Basler Unternehmer 1883 «in Würdigung seiner Verdienste, die er sich um die Hebung der chemischen Industrie in der Schweiz erwarb», die Ehrendoktorwürde. Den mit den Farbwerken Hoechst strafrechtlich ausgefochtenen Kartellkampf um das von Bindschedler produzierte Arzneimittel Antipyrin verlor er. Während der Verbüssung seiner Haftstrafe starb er an einem Herzschlag.

Zu den Vertretern des asketischen Gründerkapitalismus in der ersten Hälfte des 19. Jahrhunderts gehörte der Textilpionier Andreas Bindschedler (1806–1885). Er zeichnete sich durch Wagemut und Erneuerungsfreude ebenso aus wie durch zwei scheinbar widersprüchliche Charakterzüge: Vorsicht und Ungeduld. Er war ein früher Exponent der industriellen Baumwollverarbeitung und betätigte sich zugleich mit Erfolg in der Florettseidenspinnerei. Seine Spinnerei in Uster wurde zum wichtigen Arbeitgeber; in der Fabrik waren 1855 nicht weniger als 119 Personen beschäftigt. Weitere 94 Personen waren in Heimarbeit tätig.

Albert Bindschedler (1814–1871) kämpfte ein rastloses Leben lang für seine Erfindung eines Buntwebstuhls, der es ermöglichte, mehrfarbige Stoffe einfacher und schneller herzustellen. Schwere Schicksalsschläge warfen ihn immer wieder zurück. Angesehene Firmen wie Escher Wyss und Caspar Honegger in Rüti übernahmen diesen Buntwebstuhl zur Vermarktung. Trotzdem starb Albert Bindschedler als armer Mann. Er erlitt ein für Pioniere nicht so seltenes Schicksal: Er hatte zwar die richtige Idee, aber zur falschen Zeit.

Der weite Horizont einer umfassenden, weit über das Fachgebiet hinaus reichenden Bildung war die eine Konstante im Leben des Bankiers und Bildungsförderers Rudolf Gottfried Bindschedler (1883–1947). Die andere war eine strenge Arbeitsdisziplin, gepaart mit scharfem Verstand und unermüdlicher Arbeitskraft. Von einmaligem Quellenwert sind seine ausführlichen Aufzeichnungen von Geschäftsreisen in die Vereinigten Staaten von Amerika. Sie geben einen lebensnahen Einblick in die Denk- und Arbeitsweise der schweizerischen wie der amerikanischen Finanzwelt in der Zwischenkriegszeit.

In einer schwierigen Zeit fand der junge Jurist Ernst Rudolf Leo Bindschedler (1915–1991) sein Lebensthema in einem Tätigkeitsgebiet, das wenig öffentliches Interesse genoss: Aussenpolitik und Völkerrecht, und das in den ersten Nachkriegsjahren! 1950 wurde er Leiter des Rechtsdienstes des damaligen Eidgenössischen Politischen Departements. Seinen Rang und seine Geltung fasste sein zeitweiliger Chef, Bundesrat Willy Spühler, bündig zusammen: «Er war während vieler Jahre das juristische Gewissen unseres Aussenministeriums.»

Rudolf G. Bindschedler, porträtiert von Max Liebermann, 1927.

I
ROBERT BINDSCHEDLER
(1844–1901)
CHEMIKER,
WISSENSCHAFTS-MANAGER
UND ERFINDER

Robert Bindschedler,
frühe 1880er-Jahre.

Das Vermächtnis dieses ungewöhnlichen Mannes hat Bestand: Sein Unternehmen Bindschedler & Busch wurde 1884 in die CIBA umgewandelt, die Vor-Vorgängerin der heute weltumspannenden Novartis. Robert Bindschedler blieb noch fünf Jahre lang Direktor der CIBA, dann wurde er erneut Unternehmer und gründete die Basler Chemische Fabrik Bindschedler (BCF). Diese stellte Farben und pharmazeutische Spezialitäten her. Robert Bindschedler war nicht nur Manager, sondern auch Erfinder. «Bindschedlers Grün», ein Farbstoff aus der Gruppe der Indamine, der bei der Safraninproduktion als Zwischenprodukt dient, hat den Namen seines Entdeckers verewigt.

Robert Bindschedler war ein echter Pionier. In einer aufstrebenden, aber noch keineswegs gefestigten Branche nahm er hohe Risiken auf sich, obwohl er nur wenig eigene Mittel besass. Er war ein Kämpfer, eine widerspruchsvolle und abenteuerliche – kurz, eine pionierhafte Gestalt.

Kindheit und Lehrjahre

Als drittes von sieben Kindern des Wirts «Zum Lamm», Johannes Bindschedler (1796–1877), wurde Robert am 20. Juli 1844 an der Obergasse in der Altstadt von Winterthur geboren. Er durchlief die städtischen Schulen und begann 1861 sein Studium der Chemie am Eidgenössischen Polytechnikum (heute ETH) in Zürich. Dank seiner Tüchtigkeit und seines eisernen Fleisses wurde er schon im folgenden Jahr von seinem Professor Städeler zum zweiten und 1863 zum ersten Assistenten gewählt. Nach erfolgreichem Studienabschluss trat er 1865 als technischer Leiter in die Dienste der Fuchsinfabrik Johann Rudolf Geigy in Basel. 1868 zog es ihn nach Paris, wo er ebenfalls in einer Anilinfabrik eine Anstellung fand. Der Ausbruch des Deutsch-Französischen Kriegs im Jahr 1870 bereitete seinem Aufenthalt ein jähes Ende, und Robert kehrte wieder in die Schweiz zurück.

Von Bindschedler & Busch …

Der junge Bindschedler fand erneut eine Anstellung als Chemiker in Basel; ab 1871 war er für die Firma Clavel tätig. Als Alexandre Clavel 1873 seine Basler Farbstoff-Fabrik zum Verkauf anbot, griff Robert Bindschedler zu. Zur Finanzierung tat er sich mit seinem Jugendfreund Albert Busch zusammen, der in die begüterte Winterthurer Familie Steiner eingeheiratet hatte. Busch und andere Winterthurer Investoren beteiligten sich an der Firma. Robert Bindschedler selbst war mit 15 Prozent dabei. Unter seiner Leitung erlebte Bindschedler & Busch einen mächtigen Aufschwung. Während die Firma bei der Übernahme 30 Arbeiter beschäftigte, waren es ein Jahr später bereits 90. Produziert wurden, wie aus der Beschreibung der Fabrikationsmethoden von 1874 hervorgeht,

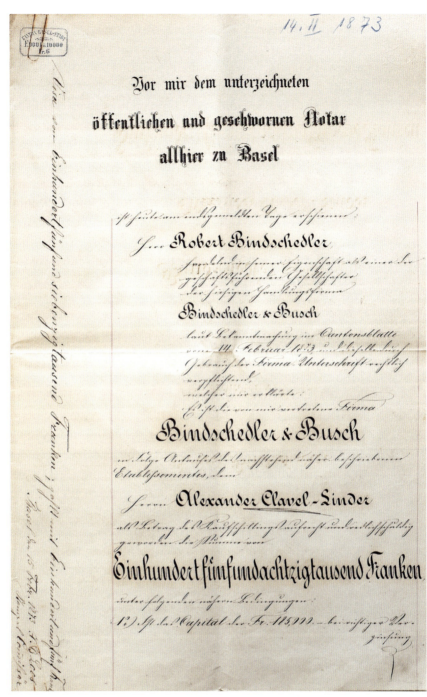

Kaufvertrag für die von Bindschedler & Busch übernommene Fabrik Clavel, Februar 1873.

vorerst die Anilinfarbstoffe Methylviolett, Methylgrün, Blau, Safranin und Rose de Naphtylamin sowie künstliches Alizarin. Mit der Anilinfarbstoffproduktion waren etwa 50 Arbeiter, mit der Produktion des Alizarins rund 35 Arbeiter beschäftigt, welche «geleitet [werden] in jedem der einzelnen Fabricationszweige durch drei Chemiker und sechs Contremaître». Bindschedler lag das Wohl seiner Arbeiter am Herzen. Die technischen Einrichtungen für die Fabrikation waren «demnach, dass die Arbeiter nie durch schädliche Dämpfe und Dünste belästigt werden». In Paragraf 3 der Fabrik-Ordnung von Bindschedler & Busch aus dem Jahr 1879 werden die Arbeiter zu grösster Reinlichkeit angehalten: «Morgens und Abends vor Arbeitsschluss hat jeder Arbeiter ¼ Stunde Zeit, um sich zu waschen und nöthigenfalls zu baden, wozu die Seife verabreicht wird. Bevor dies geschehen, darf kein Arbeiter die Fabrik verlassen.» Die Nichteinhaltung dieses Paragrafen hat Folgen, denn: «Unreinliche Arbeiter werden sofort, ohne irgend welche Entschädigung entlassen.»

Alizarin – ein leuchtend roter Farbstoff – wurde für die Firma Bindschedler & Busch zum wichtigsten Produktionszweig in den 1870er-Jahren. Wegen der grossen Nachfrage und der harten Konkurrenzsituation liess die Geschäftsleitung Tag und Nacht produzieren. Trotzdem konnte die Fabrik nicht mit der deutschen Massenproduktion mithalten. In den Jahren 1875 und 1878 erlitt das Alizaringeschäft im Zuge des internationalen Preiszerfalls einen empfindlichen Rückschlag, sodass die Basler Unternehmer die Produktion vorübergehend einstellen mussten. Aus den negativen Erfahrungen zog die Firma ihre Lehren. Die Produktion von Massengütern hatte in der Schweiz schon unter den damaligen Absatzbedingungen nur geringe Erfolgschancen. So konzentrierte sich die Firma Bindschedler & Busch fortan auf diversifizierte Qualitätsprodukte, um auf dem Weltmarkt bestehen zu können.

Basierte die betriebliche Organisation noch 1864 auf rund zehn Produktionseinheiten mit ebenso vielen Farbstoffen, war sie 1881 – Bindschedler & Busch beschäftigte nicht weniger als 250 Arbeiter und zwanzig Chemiker – bereits auf über 30 Einheiten angewachsen. In den Grundzügen existierte weiterhin eine grosse Produktvielfalt bei einem Nebeneinander relativ eigenständiger Produktionsbereiche. Zur Farbenpalette gehörten Solidgrün, Safranin, Rosanilin, Eosin, Naphtolgelb, Triphenylaminorange und Xylidinponceau, welche in Konkurrenz zu deutschen Firmen produziert wurden.

...zur Gesellschaft für Chemische Industrie AG

Bindschedlers Financiers wurden dann vom Zusammenbruch der Winterthurer Lloyd-Versicherung mitgerissen. Eine anhaltende Rezession, die Vernachlässigung der Reserven und betrügerische Machenschaften in der Direktion führten

a | Das Fabrikareal der Chemischen Fabrik Bindschedler & Busch in Kleinhüningen, frühe 1880er-Jahre.
b | Vom Basler Regierungsrat am 3. März 1879 genehmigte Fabrikordnung von Bindschedler & Busch.

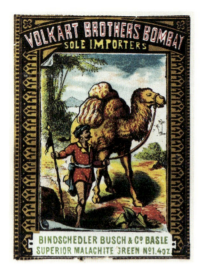

a

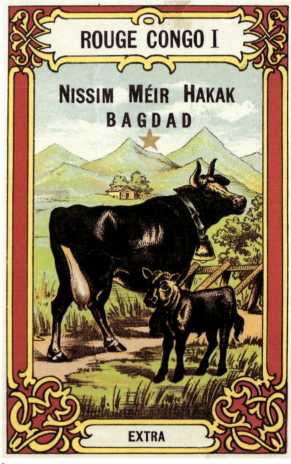

b

a bis e Kunstvoll gestaltete
Etiketten von Bindschedler
Busch & Co. für den Export.

24

c

d

e

DIE ANILINFARBENPRODUKTION ZU ZEITEN VON ROBERT BINDSCHEDLER

Alexandre Clavel, 1805 in Lyon geboren, hatte in den 1840er-Jahren die Oswald'sche Seidenfärberei in der Rebgasse in Basel erworben. Er heiratete die Witwe von Karl Theodor Oswald und lernte dank der Heirat seiner Stieftochter mit dem Lyoner Seidenfärber Joseph Renard das Herstellungsverfahren von Fuchsin (Anilinrot) kennen. In Frankreich bestand bereits 1844 ein Patentgesetz für chemische Produkte, welches die freie Entfaltung der Farbstofffabrikation in Frankreich verunmöglichte, da das damalige französische Patentgesetz nicht nur das Verfahren, sondern auch das Endprodukt schützte (Stoffpatent). Deshalb kam wohl Clavel in die Schweiz und produzierte als erster Unternehmer hierzulande ab 1859 Anilinfarben.

Für die Herstellung von Teerfarben fanden Destillationsprodukte von Steinkohlenteer (Benzol, Naphthalin etc.) Anwendung. So wird beispielsweise aus Benzol Anilin hergestellt, von dem aus verallgemeinernd die künstlichen organischen Farbstoffe herkömmlicherweise als Anilinfarben bezeichnet werden. Das damals erste und gleichzeitig wichtigste Anwendungsgebiet künstlich organischer Farbstoffe fand sich im Färben und Bedrucken von Seidenstoffen, bei welchen möglichst leuchtende Farben gefragt waren.

Clavel war freilich auf die Dauer nicht in der Lage, die Seidenfärberei und die Teerfarbenfabrikation gemeinsam zu betreiben. Das Arsenikverfahren zur Herstellung von Fuchsin führte zu Verschmutzungen des Grundwassers, das Schmelzen von Arsensäure mit Anilin zu lästigen Ausdünstungen, die sich in vielen Strassenzügen der Umgebung unangenehm bemerkbar machten. Weil sich die Nachbarschaft gegen den «pestilenzialischen» Geruch der neuen Farbenfabrikation wehrte, zwang der Rat der Stadt Basel Clavel, seine Fabrikation zu verlegen. Er erwarb 1864 ein Grundstück zwischen Klybeckstrasse und Rheinweg und liess dort Fabrikanlagen erstellen, was mit grossen Investitionen verbunden war. Da ihm die Teerfarbenproduktion anscheinend beträchtliche

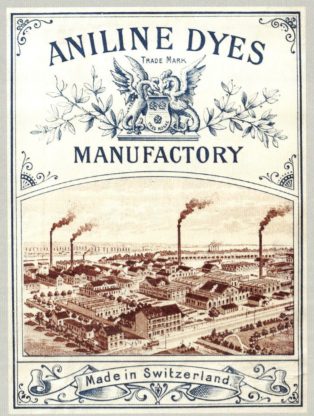

Produktetikette für Anilinfarben der Gesellschaft für Chemische Industrie in Basel mit Werksareal, ab 1884.

Verluste brachte, entschied er sich, seine Farbenfabrikation, die 30 Arbeiter beschäftigte, an die Herren Bindschedler und Busch zu verkaufen.

1882 entwickelte der bei Bindschedler & Busch beschäftigte Chemiker Alfred Kern, der spätere Gründer der Sandoz, ein neues Verfahren, das Phosgenverfahren, mit dem die Herstellung von Teerfarben vereinfacht und verbilligt wurde. Dieses Phosgenverfahren wurde zu einer wichtigen Grundlage für die Herstellung verschiedener neuer Farbstoffe und auch pharmazeutischer Produkte.

1883 zum Konkurs dieses grössten Transportversicherers des Kontinents, welcher im Jahr 1880 Einnahmen von nicht weniger als 16,5 Mio. Franken ausgewiesen hatte. In die bei Bindschedler & Busch entstandene Lücke traten die Basler Bankiers, die zuvor der jungen chemischen Industrie nicht recht vertraut hatten. Die stetige Erweiterung der Gesellschaft erforderte zunehmend Kapital. So kam es 1884 unter der finanziellen Regie des Basler Bankvereins zur Umwandlung des Unternehmens in eine Aktiengesellschaft, deren erstes Rechnungsjahr am 1. Juli 1884 zu laufen begann.

Die Gesellschaft für Chemische Industrie AG in Basel, noch heute bekannt unter dem Namen CIBA, war geboren. Robert Bindschedler hatte von 1884 bis zu seinem Rücktritt 1889 – gemeinsam mit Robert Gnehm (📖 **102, Robert Gnehm**) – das Amt des Direktors der Gesellschaft inne; von 1890 bis 1891 war er Mitglied des Verwaltungsrats. Sein Austritt aus der CIBA erfolgte im Jahr 1891. Es konnte dem unabhängigen Geschäftsmann nicht gefallen, nun nicht mehr das alleinige Sagen zu haben.

So gründete er nach Ablauf seines vertraglichen Konkurrenzverbots 1893 in Kleinhüningen die Basler Chemische Fabrik Bindschedler (BCF), wo Farbstoffe und pharmazeutische Spezialpräparate wie das damals populäre Fiebermittel Antipyrin hergestellt wurden. Auch diese Firma kam zur Blüte, nicht zuletzt wegen des 1897 entwickelten Verfahrens zur synthetischen Herstellung von Indigo. Die Basler Chemische Fabrik Bindschedler wurde 1898 ebenfalls in eine AG umgewandelt.

Heikles Kartell

Wie damals üblich, schlossen die Hersteller von chemischen Wirkstoffen Kartellverträge ab, um den Vertrieb zu kontrollieren und die Preise stets hochzuhalten. In den Verträgen, die Robert Bindschedler mit deutschen und französischen Kollegialfirmen einging, gab es ein ausgeklügeltes System von Lieferquoten und Ausgleichszahlungen. So auch beim populären Fiebermittel Antipyrin, welches Bindschedler produzierte. Hoechst klagte, Bindschedler habe sich auf betrügerische Weise Ausgleichszahlungen in der damals horrenden Grössenordnung von über 150 000 Franken erschlichen.

Im Jahre 1900 musste sich Robert Bindschedler vor dem Basler Strafgericht wegen vollendeten und versuchten Betrugs verantworten. Drei seiner Mitarbeiter wurden der Gehilfenschaft mitangeklagt. Der Prozess war Stadtgespräch und trug alle Merkmale eines gnadenlosen Wirtschaftskampfs. Er förderte auch merkwürdige Einzelheiten zutage. In der «National-Zeitung» wurde behauptet, der Kläger habe Zeugen bestochen. Bindschedlers Verteidiger brachte unter anderem vor, die von seinem Mandanten mitunterzeichneten Verträge

a| Die Gesellschaft für Chem. Industrie in Basel trägt nicht mehr Bindschedlers Namen. Das neue Logo zeigt links das Bindschedler-Wappen nach dem Stadtzürcher Wappenbuch von Dietrich Meyer aus dem Jahr 1605.
b| Etikette für Antipyrin, bestimmt für den Export nach Japan.

seien unsittlich gewesen, weil sie bloss den Preis hätten schützen sollen, der das Viereinhalbfache der Gestehungskosten betrug.

Gewagte Verteidigungsstrategie

Bindschedlers Verteidiger Paul Scherrer entschied sich für eine juristisch plausible, aber für die damalige wirtschaftspolitische Situation riskante Strategie. Scherrer erklärte, die Kartellverträge seien von Anfang an unsittlich und damit ungültig gewesen. Aus solchen Verträgen könne niemand Rechte oder Pflichten ableiten. Der Kartellvertrag, der schliesslich eins der populärsten Arzneimittel betraf, sei nur «auf eine wucherische Ausbeutung des Publikums hinausgelaufen». Paul Scherrer schloss: «Wenn etwas unter Strafe gestellt werden sollte, so wäre es das Syndikat einschliesslich des Angeklagten Bindschedler, namentlich aber auch die Höchster Farbwerke, die das grösste Interesse an der ganzen Sache hatten. Solche Verträge sollten keinen rechtlichen Schutz geniessen.» Die «Neue Zürcher Zeitung» berichtete am 10./11. Juli gleichen Jahres, dass Bindschedler die grossen, über seinen vertraglich fixierten Anteil hinausgehenden Verkäufe durch die Vernichtung seiner Fabrikationsbücher, durch neutrale Verpackungen, fremde Spediteure und Zwischenpersonen verheimlicht habe. Während das Basler Appellationsgericht die Mitangeklagten am 9. Juli 1900 freisprach, erklärte es Robert Bindschedler «Motivierung vorbehalten, des fortgesetzten vollendeten und versuchten Betruges in einem 300 Fr. weit übersteigenden Betrage schuldig» und verurteilte ihn zu eineinhalb Jahren Gefängnis. Die Strafe fiel – so der Gerichtspräsident in seiner Begründung – milde aus «wegen der in der chemischen Fabrikationsbranche zum Teil eingerissenen Geschäftsgebräuche» sowie des Umstands, dass der Angeklagte Bindschedler das Syndikat habe verlassen wollen, doch sei ihm die Kündigung der Konvention wiederholt erschwert worden. Der Urteilsspruch und besonders der Beschluss auf sofortige Inhaftsetzung machten einen erschütternden Eindruck auf den Angeklagten, berichtete die «National-Zeitung».

Der angesehene Industriepionier, Ehrendoktor und langjährige Grossrat starb ein Jahr nach dem zweitinstanzlichen Urteil während der Verbüssung seiner Gefängnisstrafe im Bürgerspital Basel. Er hinterliess seine dritte Ehefrau, Jeanne Sydonie Elise, geb. Tapissier, sowie die Kinder René Robert (1892), Elisabeth Jeanne (1894) und Jean Rodolphe (1896).

Erwähnenswert erscheint im Zusammenhang mit der Verurteilung Robert Bindschedlers auch die Tatsache, dass, gemäss Jaquet, einige Tage nach Erlöschen des Patents im Jahr 1907 der Preis von Antipyrin von 100 auf 20 Mark pro Kilogramm sank.

PETITION GEGEN DEN SCHUTZ DER ERFINDUNGEN IN DER CHEMISCHEN INDUSTRIE

Auch im Kampf gegen die Patentgesetzgebung engagierte sich Robert Bindschedler. Bindschedler & Busch übermittelten am 13. April 1881 der Bundesversammlung eine Petition mit 143 Unterschriften von schweizerischen Industriellen der chemischen Branche, die gegen den Schutz der Erfindungen auf dem Gebiet der Industrie und der Landwirtschaft plädierten. Die Petition machte geltend, «dass die Erfahrungen in anderen Ländern, namentlich auch in Deutschland seit Inkrafttreten des deutschen Reichspatentgesetzes vom Jahre 1877, bei unbefangener Betrachtung aufs Evidenteste zeigen, dass ein Gesetz für Schutz der Erfindungen für die chemische Industrie nicht wünschenswert sei; derselben würden aus einem solchen keine Vortheile, sondern höchstens ungünstige Nachwirkungen erwachsen».

Anhand verschiedener Beispiele führt die Petition die Nachteile auf, welche der chemischen Industrie durch eine Patentgesetzgebung erwachsen und schliesst damit, dass chemische Reaktionen nicht patentierbar seien, sondern nur industrielle Fabrikationsmethoden. Es sei aber gar nicht möglich, zwischen dem, was nur Reaktion sei, und dem, was bereits als Fabrikationsmethode betrachtet werden soll, Grenzen zu ziehen (Beispiel: künstlicher Indigo). Die Behauptung, der Erfindungstrieb werde durch ein Patentgesetz gesteigert, sei unrichtig, denn im letzten Jahrzehnt seien die meisten Erfindungen auf dem Gebiet der technischen Chemie in Ländern ohne Patentschutz gemacht worden.

Am 22. April fasste der Ständerat in Übereinstimmung mit dem Nationalrat den Beschluss, dass die Bundesverfassung vom 29. Mai 1874 dem Bunde die Gesetzgebung über den Schutz der Erfindungen auf dem Gebiete der Industrie und Landwirtschaft nicht gestattet. Es war dies ein grosser Sieg der von Robert Bindschedler angeführten Lobby. Die Absenz einer Schweizer Patentgesetzgebung für chemische Produkte (bis 1907) begünstigte zweifelsfrei die Ansiedlung und die schnelle Entwicklung der chemischen Industrie in Basel.

Dr. Robert Bindschedler war vor seiner Verurteilung nicht nur ein erfolgreicher Geschäftsmann; er nahm auch im öffentlichen Leben eine geachtete Stellung ein. Er gehörte zwischen 1881 und 1899 während mehrerer Perioden dem Basler Grossen Rat an und war auch in Grossratskommissionen aktiv. Er war des weiteren Mitglied der Aufsichtskommission der Gewerbeschule und in der Armenpflege tätig. So überrascht es nicht, dass der Nachruf der National-Zeitung vom 24. August 1901 Robert Bindschedler als reich veranlagte Natur mit gutem Herzen würdigt. Seinem Sarg folgte ein zahlreiches Leichengeleite, an welchem die Bevölkerung aus allen Kreisen vertreten war.

Pionierleistungen

Robert Bindschedler war ein unermüdlich tätiger, innovativer und mutiger Mann, der in den schwierigen Anfangszeiten der Schweizer chemischen Industrie zwei Fabriken gründete, die er beide zu grossem Erfolg brachte. Die von Bindschedler & Busch produzierten Anilinfarben fanden nicht nur in Europa Absatz; auch in weit entfernten Ländern, wie beispielsweise im Iran, in Indien und in Japan, wurde mit Produkten aus Basel gefärbt. Mit seiner zweiten Firma, der Basler Chemischen Fabrik Bindschedler (BCF), wagte er früh den Eintritt in die pharmazeutische Industrie. So produzierte er neben den bewährten Farbstoffen auch pharmazeutische Spezialpräparate. Es scheint, als seien ihm sein Wagemut und sein geschäftlicher Ehrgeiz letzten Endes zum Verhängnis geworden. Ein Pionier ist er trotzdem.

Kunstvoll gestaltete Etikette von Bindschedler Busch & Co. für den Export nach Indien, 1873–1884.

ANDREAS BINDSCHEDLER [II]
(1806–1885)
VORSICHT, WAGEMUT, FAMILIENSINN

Andreas Bindschedler, 1885.

Pioniergeist und Wagemut standen auch am Anfang eines anderen Industriezweigs, in dem sich der Name Bindschedler im Lauf der Jahrzehnte einen guten Klang erwarb: in der Textilwirtschaft. Im Jahr 1811 gründete der Vater von Andreas, Hans Rudolf Bindschedler (1770–1837), Bauer, Gewerbetreibender und Gemeindesäckelmeister von Männedorf, zusammen mit seinem Freund Billeter das Unternehmen der Familie, die mechanische Baumwollspinnerei Bindschedler & Billeter für etwa 500 Spindeln samt den nötigen, teils von Hand, teils mit Wasser angetriebenen Vorwerken. Der Betrieb wurde in einem eigens erstellten Anbau am grossen Bauernhaus, dem Stammsitz der Familie Bindschedler im Männedörfler Ausserfeld, untergebracht.

Diese frühe Gründung einer ländlichen Kleinfabrik am Übergang zwischen Heimarbeit und Industrie war typisch für die wirtschaftliche Szene im Zürichbiet zu Beginn des 19. Jahrhunderts. Der Historiker Bruno Fritzsche und der Linguist Max Lemmenmeier formulieren es so: Es sei «eine wirtschaftliche Elite von ‹Tüchlern›, also Mittlern zwischen dem städtischen Handelshaus und den Heimarbeitern, Wirten, Müllern und Händlern» entstanden. «Aus diesen Kreisen stammten später die ersten Fabrikgründer, denn sie verfügten über das entsprechende Kapital beziehungsweise über die für den Antrieb der Maschinen wichtigen Wasserrechte.» Genau so verhielt es sich bei den Bindschedlers.

Vom Lehrling zum Fabrikdirektor

Andreas Bindschedler wurde am 6. Mai 1806 im Männedörfler Ausserfeld geboren, wo er gemeinsam mit seinen drei älteren Brüdern und zwei Schwestern auf dem weitläufigen Hof aufwuchs. Schulische Kenntnisse wurden ihm sowohl im Institut des Lehrers Urner als auch vom Privatlehrer Oetiker vermittelt.

Seine Lehrzeit bei Tobler & Bindschedler in Zürich trat er mit dreizehn Jahren an; sie dauerte fünf Jahre. «Soviel ich weiss, wurde kein Vertrag wegen mir aufgestellt, da nämlich eben mein Bruder Rudolf als Associé figurierte und Herr Tobler als dessen Schwiegervater infolge dessen in naher Verwandtschaft mit meinem Vater stand. Ich wurde auch wirklich im Hause so wohlwollend und gut aufgenommen, als wenn ich ein Glied der Familie gewesen wäre», berichtet er in seinen im Jahr 1883 verfassten Memoiren.

Seine Patrons wollten Andreas – auch in Anerkennung der tadellos bestandenen Lehre – zur Weiterausbildung nach Le Havre und Liverpool schicken. Dieses Vorhaben konnte nicht verwirklicht werden, denn der väterliche Spinnereibetrieb in Feldbach schickte nach Andreas. Der Vater hatte unter Mitwirkung seines Sohnes Heinrich seine Spinnereigeschäfte ausgebaut; neben dem Standort Männedorf wurde nun zudem eine Spinnerei in Langnau a. A. und eine weitere in Feldbach betrieben, was sehr kapitalintensiv war.

Der Vater, von der «Engbrüstigkeit» geplagt, der Atemnot, die durch das tägliche Einatmen des tückischen Textilstaubs entsteht, brauchte Unterstützung für den Betrieb, der bis anhin vom Bruder Heinrich betrieben worden war. So wurde Andreas Bindschedler 1824, im Jahr seines Lehrabschlusses, Fabrikdirektor. Er war gerade 18 Jahre alt.

Familie und Geschäft eng verknüpft

In seiner Funktion als Fabrikdirektor übernahm Andreas nicht nur die Leitung der Spinnerei und der Finanzen, sondern ihm oblag auch der Verkauf der Garne. Dazu unternahm er periodische Reisen in die Absatzgebiete. «So brachte ich das Geschäft in einen geregelten und nach Umständen lukrativen Gang und ich war dabei selbst zufrieden und vergnügt. So vergingen einige Jahre», schrieb er in seinem Lebensrückblick. Auf einer Reise lernte er seinen späteren Geschäftspartner kennen. Johann Jakob Schneckenburger stammte aus wohlhabendem süddeutschem Hause und schon nach kurzer Zeit, am 21. April 1828, vermählte er sich in Männedorf mit Luise, der jüngeren Schwester von Andreas.

Jetzt waren die Geschäftspartner auch familiär verbunden, was der Beziehung aber nicht gut bekam. Sie scheiterte nach kurzer Zeit, weil Schneckenburger dem Bier zu stark zugeneigt war. Die Bücher und die Korrespondenz wurden vernachlässigt, worunter das ganze Geschäft in Feldbach litt. Dazu hält Andreas fest, dass sich seiner ein unbezwingbarer Widerwille bemächtigte, der auch seine Tätigkeit lähmte. Er machte sich Vorwürfe, wenn er bedachte, dass der Urheber dieser Zustände ja er selbst sei, denn er war «die Veranlassung zur Einführung dieses Menschen». Da er die weitere Zusammenarbeit mit seinem Schwager als unmöglich erachtete, löste er schliesslich seinen Vertrag auf, sich «selbst zum Opfer bringend und den Austritt nehmend». Ende 1828 verliess Andreas den Betrieb in Feldbach und kehrte zurück nach Männedorf.

Von Männedorf aus unternahm der 23-jährige Andreas mit seinem Bruder Heinrich eine vierzehntägige Italienreise. Seine Erinnerungen hält er folgendermassen fest: «Die Abreise ward auf Pfingsten 1829 festgesetzt und so auch angetreten. Man fuhr nach Chur und von da ab machten wir den Weg meistens zu Fuss. Noch erinnere ich mich lebhaft genug, mit welcher Freude ich von der Splügenhöhe herunter zum ersten Mal den italienischen Boden betrat.»

Wieder in Zürich kam er erneut bei Tobler & Bindschedler unter, die ihn als Verkäufer nach Genf schickten. Bereits nach sechs Monaten wurde er zurück nach Zürich gerufen und dort in der Leinen- und Wollwarenhandlung eingesetzt. Sein Engagement bei Bindschedler & Tobler endete, als Schneckenburger den Feldbacher Betrieb endgültig heruntergewirtschaftet hatte. So reiste Andreas wieder nach Feldbach, wo der Vater erneut seine Unterstützung brauchte.

«EIN LEBEN, DASS ES EINE FREUDE WAR …»

In den Lebenserinnerungen von Andreas Bindschedler ist ein schönes Stimmungsbild aus der Zürcher Industrielandschaft im frühen 19. Jahrhundert zu finden. Die von seinem Vater 1811 gegründete Spinnerei, die zwar klein, aber für die damaligen Verhältnisse dennoch eine ansehnliche war, weil komplett eingerichtet, wurde von seinem älteren Bruder Rudolf übernommen. Andreas, damals noch ein Kind, beschreibt das Geschehen in seinen Erinnerungen wie folgt:

«Es wurden nämlich nach und nach in den Gemeinden Uetikon, Männedorf, Stäfa, Oetwil und Hombrechtikon solche Spinnereien in gewöhnlichen Häusern eingeführt, meist ohne Vorwerke, nur einzelne Spinnstühle von höchstens 216 Spindeln. Dann waren wieder solche mit Vorwerkeinrichtungen, um denjenigen die Vorgespunst zu liefern, à façon oder im Lohn, die eben neue Stühle hatten. Dieser Klasse Spinner lieferte mein Vater die Baumwolle und nahm ihnen dagegen das Gespinst ab, sei es à façon oder im gegenseitigen Kauf. Die Garne gingen an Fabrikanten im Kanton Glarus, ins Toggenburg und nach St. Gallen. Es war ein Leben in dem abgelegenen Ausserfeld mit Boten, Fuhrwerken, Fremden und einheimischen Besuchen, dass es eine Freude war. Die ganze Umgegend hatte an diesem regen Geschäft Nutzen, sei es direkt oder indirekt, schönen Verdienst für die arbeitslustigen jungen Leute, für die Bauern als Kostgeber der Fremden, sowie für die Handwerker und Krämer.»

Sanierung und Verkauf der Spinnerei in Feldbach

In Feldbach angekommen, galt es, erstmals Ordnung zu schaffen. Schnell wurde Andreas klar, dass man an einer finanziellen Sanierung nicht vorbei kam. Schneckenburgers Vater deckte die Hälfte der aufgelaufenen Schulden. Andreas Bindschedler übernahm den Betrieb im Einverständnis mit der Familie zu Eigentum, ebenso den Bauernhof in Männedorf. In seinen Aufzeichnungen hält er dazu fest: «Ich war jetzt nach solchen Vorfällen allein auf dem Posten in Feldbach. Es bewegte mich ein Gefühl etwelchen Stolzes im Bewusstsein dieser eigenen Selbstständigkeit. Dann aber, bei nüchternem Nachdenken und dieser Pflichten, die mir oblagen, doch auch tiefes Bedenken.» Sein jugendlicher Mut, seine Unerschrockenheit, Schwieriges zu überwinden, hielten ihn aufrecht. Zielstrebig reorganisierte Andreas das Spinngeschäft wieder, so, wie es früher gewesen war: Er suchte den direkten Absatz der Produkte bei den Fabrikanten. Damit erzielte er einen höheren Preis und die so erwirtschafteten Gewinne investierte er teils in die Verbesserung der bestehenden Maschinen, teils in die Anschaffung neuer Maschinen. Insbesondere stellte er auch Vergleiche mit seinen Mitbewerbern an. Er musste einsehen, dass er in dieser Lage und mit bloss 2600 Spindeln seinen Mitkonkurrenten nie zur Seite kommen konnte. Die Situation beschreibt er in seinen Memoiren wie folgt: «Zwei Jahre rang und kämpfte ich so, bis dass ich zur vollen Überzeugung gelangte, dass man es hier nie und nimmer auf einen grünen Zweig bringen werde. Ich machte es kurz und fasste den ausser mir niemandem vertrauten Entschluss, bei zufällig günstig eintretender Gelegenheit zu verkaufen.»

Offen für Neues, zurück zu den Wurzeln

Mit der technischen Unterstützung seines Bruders Heinrich richtete Andreas nun zudem in Feldbach eine kleine Florettspinnerei als Nebenbetrieb ein, der willkommene Deckungsbeiträge ins Haus brachte. Florettseide, auch als Schappe bezeichnet, ist ein aus Seidenabfällen gewonnenes hochwertiges Garn. Die Gewinnung dieses Garns ist aufwendig, denn die Seidenkokons müssen zuvor wie Flachs behandelt werden. Sie werden entbastet, gereinigt und gekämmelt. Die Florettspinnerei erlebte um die Mitte des 19. Jahrhunderts einen Aufschwung wie kein anderer Zweig der europäischen Textilindustrie. Andreas Bindschedler sah seine Chance und mietete bei Egg auf der Forch auch zugleich den Saal einer Mühle, wo er eine Seidenabfall-Spinnerei errichtete. Diese Spinnerei und die Feinkämmelei-Abteilung in Feldbach verlegte er 1834 nach Edikon bei Dürnten, nachdem er den Verkaufsbeschluss der Spinnerei in Feldbach endlich in die Tat umgesetzt und dabei einen anständigen Gewinn erzielt hatte.

Auch privat ging es ihm gut. 1838 heiratete er Sophie Wörpel aus Lichtensteig, St. Gallen. Erneut fand er Anstellung bei Tobler & Bindschedler, diesmal als Reisender. Auf seinen Reisen zog er vor allem durch Deutschland. In Wien gelang es ihm, durch geduldiges Verhandeln einige hohe geplatzte Wechsel zu kassieren und seine Arbeitgeber vor grossem Verlust zu bewahren. 1844 wurde dann der ersehnte Stammhalter Friedrich August geboren. Im gleichen Jahr verkaufte Andreas den Stammsitz in Männedorf und die Familie nahm in Oetwil/Stäfa Wohnsitz.

Zum ersten Mal in seinem Leben war Andreas Bindschedler frei von Verpflichtungen. Er nutzte die Zeit für eine Reise nach Südfrankreich, zu seinem Bruder Heinrich, der dort mit einer Florettseidenspinnerei erfolgreich war. Nach seiner Rückkehr half er seinem Schwager Fritz Pfenninger, dessen Weinhandel er kaufmännisch reorganisierte und ausdehnte, sodass sich Umsatz und Gewinn innert zwei Jahren fast verdreifachten. «Ich hätte damit ein ordentliches Auskommen finden können, wenn ich nur Lust und Liebe dafür gehabt hätte», merkte Andreas in seinen Lebenserinnerungen an. Andreas' Liebe aber gehörte der Spinnerei.

Florettspinnerei in Niederuster

1846 mietete er in Niederuster zwei Stockwerke einer stillgelegten Fabrik, um dort eine kleine Seidenabgangsspinnerei einzurichten. Die Florettspinnerei Andres Bindschedler war gegründet. Mit der technischen Hilfe seines Bruders Caspar, der ebenfalls in der Textilindustrie (Bindschedler & Schlumpf in Neu-St. Johann) tätig war, kam Andreas denn auch ans Ziel, wenn auch erst nach grossen Anlaufschwierigkeiten. So reklamierte beispielsweise Bruder Heinrich in Südfrankreich, der Abnehmer der Produkte, Mängel in der Qualität. Auch hatte Andreas Bindschedler Sorgen mit dem Personal. Manche Aufseher kündigten, weil sie den Seidenstaub nicht ertrugen. Zeitweise war der Absatz nur mit Verlusten möglich. Und auch der Sonderbundskrieg hemmte 1847 das Wirtschaftsgeschehen, freilich nur während kurzer Zeit. Gegen 1850 besserten sich die wirtschaftlichen Verhältnisse und damit die Lage des Bindschedler'schen Betriebs nach und nach. 1852 verliess Andreas Bindschedler mit seinem nun konsolidierten Betrieb die gemieteten Räume in Niederuster und bezog in der Nähe einen eigenen Neubau, angepasst an die Bedürfnisse der modernen Florettspinnerei.

Das Grundstück für diesen Neubau stand fest. In einer nächtlichen Aktion erstand Bindschedler alle wichtigen Gefälle, denn ohne genügend Wasser wäre das Projekt zum Scheitern verurteilt gewesen. Eindrücklich beschreibt er die Ereignisse: «Nachdem ich den Entschluss gefasst, dem geheimen Wink zu folgen, so beauftragte ich meinen Aufseher Walder für das Gefälle bis zum

IMMER WIEDER FREITAGS …

Andreas Bindschedler trat als Dreizehnjähriger 1819 bei Tobler & Bindschedler in Zürich in die Lehre ein – in jene mit Baumwolle und Garnen handelnde Firma, die sein ältester Bruder Rudolf zusammen mit seinem Schwiegervater führte. In seinen Aufzeichnungen findet sich ein plastischer Bericht über den Betriebsalltag in einem Zürcher Textilhandelshaus:

«In dem Doppelgeschäft des Hauses Tobler & Bindschedler war immer der Freitag derjenige Tag, wo alles zusammenströmte. Dann musste sich auch das sämtliche Personal zu etwas früherer Stunde auf dem Posten einfinden. Da kamen zuerst die Boten von allen Seiten mit Valoren und Briefen, denn der Post bediente man sich damals in den Zwanzigerjahren weniger. Die schriftlichen Aufträge für das Warengeschäft richteten sich meistens auf diesen Tag. Dann kamen aber auch Krämer und Krämerinnen von nah und fern, die Einkäufe persönlich zu machen. Da gab es denn Hände voll zu tun im Zusammenhang mit dem Umsatz der Baumwolle und der Garne, weil alles an demselben Tag, der Boten wegen, spediert werden sollte. [...] Strenge Ordnung, Pünktlichkeit verbunden mit grösster Gewissenhaftigkeit brachten das Haus Tobler & Bindschedler auf die Höhe von Ehre und Ansehen!»

Viermal im Jahr ging Andreas' Bruder Rudolf per Fuhrwerk – die Zügel selbst in der Hand – auf Geschäftsreise, oft in Begleitung seiner Ehefrau, und brachte Bestellungen nach Hause. Zugleich pflegten sie die Beziehungen zu den Kunden und besorgten das Inkasso. Während dieser gewöhnlich achttägigen Abwesenheiten hatte der junge Bindschedler seine Bürochefs, Bruder Rudolf und seine Gattin, unter Aufsicht des Herrn Tobler zu vertreten, sodass er lange vor seiner Konfirmation die Besonderheiten des Baumwollgeschäfts kennenlernte.

a

b

a | Andreas Bindschedlers Seidenspinnerei; zwischen 1852 und 1863 entstand in drei Etappen die imposante Seefassade.
b | Die Spinnerei wurde bereits im Jahr 1852 auf Turbinen-Wasserkraft ausgebaut.
c | Die Fabrikuhr sorgte dafür, dass das Personal pünktlich am Arbeitsplatz war.

c

unteren Stogelwiesenwehr in etwa 12 Fuss bestehend, mit den sämtlichen Wasserwerkbesitzern [...] in ein und derselben Nacht zu unterhandeln und die Käufe fest abzuschliessen. Auf diesen meinen festen Entschluss folgte die Tat! In derselben wurde mit sämtlichen Wässerungsberechtigten bis zum Stogelwiesenwuhr unterhandelt und die Käufe geschlossen.»

Die Käufe mussten zwingend in einer einzigen Nacht abgeschlossen werden, damit das Projekt nicht verraten werden konnte. Denn hätten die einzelnen Wasserwerkbesitzer von Bindschedlers Plänen Kenntnis gehabt, wäre es für ihn wohl sehr schwer und auch teuer geworden, zum Ziel zu gelangen. Der Coup gelang und die Gebäude sind bis heute in Nieduster erhalten.

Neue Spinnerei mit Turbinen-Wasserkraft

Neue Technologien fanden den Weg in die Textilindustrie, wie beispielsweise die von Escher Wyss & Co. entwickelten und gebauten Wasserturbinen. Mit Walter Zuppinger, dem Direktor der Wasserwerkbauten bei Escher Wyss & Co., war Andreas seit seiner Jugend befreundet. So konnte ihn Walter Zuppinger veranlassen, in seiner neuen Spinnerei auf die Turbinen-Wasserkraft zu setzen und dieser neuen Erfindung eine Chance einzuräumen. Dazu führt er in seinen Aufzeichnungen aus: «Die Turbine wurde nach dem Wasserstand zu jener Zeit von 25 à 35 Kubikfuss gebaut mit einem Stellring zum Regulieren, was aber von Hand zu geschehen hatte. Sie wurde im unteren Ecken vom nördlichen Fabrikflügel platziert auf elf Fuss Gefälle und der Ablauf in etwas schiefer Richtung in den Bach geleitet in überwölbtem Kanal. [...] Während das Ganze sehr gelungen zu sein schien, liess aber doch die effektive Triebkraft zu wünschen übrig, indem sie nicht leistete, was versprochen worden. Der schöne regelmässige Lauf gegenüber einem Wasserrad entschädigte dafür etwas».

Die Firma florierte. Nach Bodmer zählte die Spinnerei von Andreas Bindschedler in Nieduster im Jahr 1855 bereits 2710 Spindeln. Mehr Spindeln, nämlich 6640, zählte im Kanton Zürich nur die Spinnerei Zuppinger & Co. im Eichtal bei Hombrechtikon.

Ein riskantes Geschäft

Florettseidenspinnerei war zu allen Zeiten ein riskantes Geschäft, wie der Fabrikherr schrieb: «Gewiss bietet die Florettseidenbranche, wie schon wiederholt bemerkt, von Anfang bis zum Ende sehr viel Schwierigkeiten, die zu keinen Zeiten ganz zu überwinden sein werden, denn die Rohstoffe von einer Balle zur andern ja sogar in der nämlichen Balle variieren. Es bedarf deshalb eines Kennerblicks und sorgfältiger Behandlung mit Mehr oder Weniger hinzutun in der

Maceration, in reinem Auswaschen, im guten Trocknen und wenn dies mit künstlicher Wärme zu geschehen hat, nicht zu heiss und nicht in der Nähe eiserner Röhren. Die Fehler, wo da begangen werden, zeigen sich zunächst in der Kemmelei (Peignage) in verlustbringender Rendite, in geschwächter Kraft der Fasern und in minderem Glanz der Seide. Dass von solchen Vorkommenheiten es oft zum grossen Teil abhängt, mit Verlust statt mit ‹benefice› zu arbeiten, kann ohne weitere Auseinandersetzungen jedermann begreifen.»

Andreas Bindschedler, ursprünglich der jüngste und immer kränkliche unter den vier Brüdern, überlebte alle seine Brüder; sie starben in den Jahren zwischen 1850 und 1858. Er durfte den Ausbau und die Stärkung seines Unternehmens noch mitgestalten und miterleben. Sein Sohn Friedrich August übernahm den Betrieb gemeinsam mit seinem Schwager Eduard Bindschedler aus Männedorf im Jahr 1876; Andreas blieb als Kommanditär bis zu seinem Tod im Betrieb. Er starb im Jahre 1885 als wohlhabender Mann. Seine ausführlichen Lebenserinnerungen zählen zu den wichtigen historischen Quellen über die Zürcher Textilindustrie des 19. Jahrhunderts.

Andreas Bindschedler hatte, neben seinem umfangreichen Fachwissen und seiner grossen Liebe zum Spinnereigeschäft, auch das kaufmännische Geschick, seine Betriebe zum Erfolg zu führen. Von den vielen Rückschlägen, die er in seiner Laufbahn hinnehmen musste, liess er sich nie entmutigen. Er startete jeweils mit Zuversicht in sein neues Projekt. Auch dem technischen Fortschritt gegenüber, wie beispielsweise der Turbinen-Wasserkraft, war er stets aufgeschlossen – sicherlich ein weiterer Faktor dafür, dass sein Unternehmen florierte und Bestand hatte.

HANDEL UND KREDIT IM FRÜHEN 19. JAHRHUNDERT

Als Andreas Bindschedler um 1825 ins Geschäftsleben eintrat, waren Käufe auf Kredit selten und die Kreditgewährung an Kunden verpönt. Viele Kaufleute waren untereinander befreundet oder gar verwandt, und man wollte private Beziehungen nicht mit allfälligen geschäftlichen Differenzen belasten. Immerhin sind in den Büchern des Bankgeschäfts Leu & Co. im Jahr 1826 zwei Kredite zu je 20 000 Gulden an die Spinnerei Bindschedler & Billeter in Männedorf verzeichnet. Daraus kann freilich auf einen hohen Grad von Etabliertheit und Kreditwürdigkeit geschlossen werden.

Mangels eines für mittelständische Gründer und Kleinunternehmer zugänglichen Bankensystems konnten für das Wachstum des Unternehmens – namentlich für den Übergang von den Kleinbetrieben zu grösseren Spinnereien nach 1820 – nur selbst erarbeitete Mittel oder Ersparnisse, verpfändete Anwartschaften und dergleichen eingesetzt werden. Die meisten Gründerunternehmer waren schlecht kapitalisiert, und entsprechend eng war ihr Aktionsradius. Projektfinanzierungen wurden, wenn immer möglich, in Form von Anleihen im Familienkreis platziert. An der Tagesordnung waren sodann die Partnerschaften von «Associés». Der Historiker Hans Conrad Peyer hebt ausserdem die grosse Bedeutung der städtischen Handelsfirmen als Kreditgeber hervor. Zugleich betont er aber: «Für wirklich grosse, langfristig gebundene und risikobelastete Summen, eigentliche Investitionskredite, wie sie seit den 1820er-Jahren immer wieder benötigt wurden, mussten sich die Zürcher [...] dorthin wenden, wo sie sich in finanziellen Nöten seit dem 14. Jahrhundert immer wieder hingewendet hatten – nach Basel.»

Produktion auf Vorrat war wegen der Kapitalbindung und des allgemeinen Kreditmangels kaum möglich, und wenn ein wichtiger Schuldner nicht pünktlich zahlte, geriet der ganze Firmenhaushalt aus dem Gleichgewicht. Nur äusserste Vorsicht bewahrte den Kaufmann vor empfindlichen Verlusten. Um die Jahrhundertmitte, als Alfred Escher

Karl Bürkli fordert eine Kantonalbank, 1866.

und seine Liberalen die Geschicke des Kantons Zürich lenkten, kam es zu einem starken wirtschaftlichen Aufschwung. Die mit diesem Aufschwung wachsenden sozialen Ungleichheiten und das Gefälle zwischen Stadt und Land stärkten die demokratische Opposition, die von Winterthur ausging. 1869 kam es zur unblutigen Revolution. Die neue Verfassung wurde angenommen. Sie brachte die Volkswahl der Regierungs- und Ständeräte, die Unentgeltlichkeit der Volksschule, das obligatorische Gesetzes- und das Finanzreferendum sowie die Progressiv- und Erbschaftssteuer. Zu dieser Demokratisierung zählte auch die Gründung der Kantonalbank. Sie sollte für die Kreditversorgung von Gewerbe und Landwirtschaft sorgen und errang innert weniger Jahre die Führung im Hypothekarmarkt.

III
ALBERT BINDSCHEDLER (1814–1871) HANDELSMANN, MÜLLER, ERFINDER

Albert Bindschedler, um 1860.

Albert Bindschedler kämpfte mit ähnlichen Problemen wie tausende anderer seiner Zeit, allerdings mit dem Unterschied, dass er auch ein kreativer Erfinder war. Der technikbegeisterte Albert machte es sich zum Lebensinhalt, einen Buntwebstuhl zu entwickeln, auf dem mehrfarbige Stoffe gewoben werden konnten. Sein Leben ist ausgezeichnet dokumentiert, und zwar durch einen intensiven Briefwechsel zwischen den Ehegatten Albert und Elise Bindschedler-Lenggenhager. Im Archiv der Familienstiftung Rudolf G. Bindschedler befinden sich insgesamt 90 Briefe, 72 von Albert an Elise, 18 von Elise an Albert, aus dem Zeitraum von Juni 1838 bis Februar 1849 und von September 1859 bis November 1860. Diese einzigartigen Dokumente erlauben tiefe Einblicke in das Leben und die Alltagswirklichkeit einer Familie im 19. Jahrhundert. Albert Bindschedlers Lebenslauf war geprägt durch Familiensinn wie auch durch Familienstreit, durch Kapitalmangel, schnell wechselnde Randbedingungen und grausame Wechselfälle des Lebens.

Unruhiger Geist, rastlos reisend

Albert Bindschedler kam am 29. Juni 1814 in der Weiern in Männedorf als Sohn des Johann Jakob Bindschedler (1792-1861) auf die Welt. Sein Vater gehörte dem Grossrat und dem Regierungsrat an und war im Jahr 1839 Mitglied des Glaubenskomitees, welches gleichen Jahres zur Bekämpfung der modernen Volksschule in Zürich gebildet worden war. Das Glaubenskomitee bezweckte, die in der neuen, liberalen Zürcher Kantonsverfassung von 1831 verankerte Säkularisierung des Bildungswesens zu bekämpfen. Albert wuchs mit seinen Geschwistern auf dem elterlichen Hof auf. Mit 16 Jahren besuchte er eine Schule in Zürich, lernte Französisch und Italienisch und lebte bei einem Professor Hottinger, der am Münsterhof in Zürich wohnhaft war. Weiter heisst es, er habe in Zürich «eine technische Ausbildung» durchlaufen, doch ist über diese nichts Näheres bekannt. Im Juni des Jahres 1838 wohnte und arbeitete er im Zürcher Seefeld, wo er nach eigener Angabe mit seinem Schwager Ferdinand Zuppinger «in Geschäfts-Verhältnissen» lebte. Albert muss ein unruhiger, unternehmender Geist gewesen sein, der rastlos als «Handelsmann» durch die Schweiz und Süddeutschland reiste. Er tat dies in einer Zeit, als Eisenbahnen in der Schweiz noch nicht existierten und die Reisen zu Fuss unternommen wurden, zu Pferd, per Fuhrwerk oder per Postkutsche, die eine Reisegeschwindigkeit von etwa acht Kilometern pro Stunde erreichte.

So ist es durchaus denkbar, dass er auf einer seiner Geschäftsreisen ins Toggenburg seine spätere Gattin, Elise Lenggenhager, kennenlernte. Die Ehe wurde am 9. September 1838 in Männedorf verkündet und am Dienstag, dem 18. September 1838 in Kappel, St. Gallen, geschlossen. Albert zog nach Ebnat und

a | Das Papiersiegel ZB&C der Weilermühle wurde erstmals am 7. Juni 1847 eingesetzt und findet sich auf den Briefen Alberts bis ins Jahr 1849.
b | Weilermühle bei Friedrichshafen.

a

b

«ICH ZÄHLE NICHT NUR ALLE TAGE UND STUNDEN …» – ZWEI VERLIEBTE AUF DEM WEG VOM SIE ZUM DU

Zwei junge Leute begegnen sich, vermutlich durch die Vermittlung eines gemeinsamen Bekannten. Sie finden sich sympathisch und möchten sich wiedersehen. Doch in den 1830er-Jahren ist das nicht so einfach, denn es gilt Konventionen zu beachten. Am 18. Juni 1838 greift der 24-jährige Albert Bindschedler mutig zur Feder und schreibt an die «wertheste Jungfer Lingenhager»:

«In angenehmer Rückerinnerung an die leider so schnell verflossenen Stunden, wo mir das Vergnügen zu Theil wurde Sie theure Jungfer Lingenhager zu sehen und Ihre werthe Bekanntschaft zu machen, erlaube ich mir die Freiheit Sie mit diesen paar Zeilen zu belästigen um Ihnen ein offenherziges Geständnis des vortheilhaften und bleibenden Eindrucks, den Ihre werthe Person auf mich machte, mitzutheilen. […] Sollten Sie wirklich diese meine Gesinnungen mit mir theilen können, und finden es lohne sich der Mühe, sich für meine Wenigkeit auch nur einigermassen zu interessieren, so wollen Sie mir gütigst erlauben, Sie einmal in Ihrem werthen Hause besuchen zu dürfen, um dann auch die Bekanntschaft Ihrer werthen Frau Mutter machen zu können.» Der schon im ersten Brief ernsthaft werbende junge Mann gibt dann noch die Adressen seines Vaters sowie seines Schwagers und Geschäftspartners H. Ferdinand Zuppinger an, denn er geht ganz selbstverständlich davon aus, dass die Familie der jungen Frau Erkundigungen einziehen wird.

Die Jungfer selbst antwortet, aber nicht zu früh. Zwei Wochen dauert die schickliche Frist, und im Gegensatz zum ausschweifenden Briefstil des jungen Mannes ist die Antwort von geradezu schamhafter Kürze. «Empfangen Sie nun mit diesem die Antwort auf Ihren geehrt. Brief, dessen Inhalt mich sehr überraschte, da Sie den Wunsch ausdrückten, mit mir in nähere Bekanntschaft zu tretten u. daher wünschen, mich einmal in unserm Hause besuchen zu dürfen. Dieser Wunsch sei Ihnen nun gewährt, […].»

Schon zehn Tage später steht Albert vor der Tür des Toggenburger Elternhauses von Elise, und er lässt nichts anbrennen. Offenkundig verlieben sich die beiden, möglicherweise wird bereits beim ersten Treffen über eine Heirat gesprochen. Schon zehn Tage nach dem Besuch hat Albert Elises Ja-Wort schriftlich. Am 23. Juli schreibt er ihr: «Mit inniger Freude ergreife ich die Feder Ihre mir so theuren und erfreulichen Zeilen zu beantworten und Ihnen, meine Liebe, zu sagen, wie ungemein es mich freute, Ihr schönes Ja daraus vernehmen zu können […]. Ich zähle nicht nur alle Tage und Stunden, sondern auch alle Minuten bis zu dem glücklichen Augenblick, wo wir uns wieder einmal sehen unseren Bund mündlich bestätigen und den Segen Ihrer lieben Mutter empfangen können und ich Sie meine Liebe meinen lieben Eltern und Verwandten vorzustellen das Vergnügen haben kann.»

Gemälde von Elise Bindschedler-Lenggenhager.

Briefe fliegen zwischen Kappel und Männedorf hin und her. Inzwischen sind die beiden zum vertraulichen Du übergegangen. Albert lässt seine Elise wissen, dass er sich so richtig von Herzen freuen könne, «wenn ich nur von Ferne deine Zeilen erblicke. Ich möchte unsern Briefträger fast umarmen, wenn er mir Briefe von dir meine Theure bringt». Am 18. September 1838, genau drei Monate nach Alberts erstem Brief, wird geheiratet.

Vertrag zwischen Escher Wyss & Cie.
in Zürich und Albert Bindschedler über das
Patent des Buntwebstuhls, 1850.

hatte mit Elise insgesamt zehn Kinder, wovon zwei bereits im Säuglingsalter starben. Er wurde vom Schicksal schwer getroffen, als seine geliebte Ehefrau am 18. Dezember 1860 mit erst 46 Jahren starb; sechs der Kinder waren noch minderjährig, der jüngste Sohn war gerademal ein Jahr alt.

Als selbständig Reisender vertrieb er vorerst Textilien wie Mouchoirs, Indienne, «Ladenwaaren Garn» und weissen Damast. Um 1843 erweitert Albert sein Sortiment um Getreideprodukte wie Hafergriess, Habermehl, Mehl, Korn und Griess. Während er auf seinen vielen Geschäftsreisen unterwegs war, besorgte Elise zuhause neben dem kinderreichen Haushalt die Korrespondenz und die Buchhaltung. Die Post wurde dem Familien- und Geschäftsoberhaupt an vorbestimmte Adressen auf der Reiseroute nachgesandt. Übernachtet wurde, wenn immer möglich, aus Kostengründen bei Verwandten und Bekannten. Von 1844 bis 1849 wohnte Bindschedler in der Nähe von Friedrichshafen bei seinem Schwager und Partner Zuppinger.

Dass die im Toggenburg verbliebene Grossfamilie ihren Vater nur alle paar Wochen besuchsweise sah, wurde als unvermeidliche Härte eines entbehrungsreichen Lebens hingenommen. Albert scheint immer wieder Anstrengungen unternommen zu haben, in die Schweiz zurückzukehren. Allerdings dürfte sein Plan nicht ganz so einfach umzusetzen gewesen sein. Im Brief an Elise von März 1847 schreibt er: «Meinen Plan, den ich in nächster Zeit zu verwirklichen hoffte, nämlich wieder in der Heimath zu wohnen wird mir eben wieder zu Wasser werden.» Und weiter notiert er, «es läge im Interesse unseres Geschäftes, dass ich nun in der Schweiz den Verkauf besorgen würde».

Kapitalmangel zwang zu Lohnarbeit

1847 verabschiedeten sich Bindschedler und Zuppinger endgültig aus dem Textilhandel und wechselten als Besitzer einer eigenen Mühle zum Getreide; von da an erscheint Albert Bindschedler als «Müller» in den Meldebüchern. Die Mühle befand sich in der Nähe von Friedrichshafen (Deutschland), im Weiler namens Weilermühle. Doch auch dieser Beruf war kapitalintensiv, weil die Müller in der Regel das Getreide von den Bauern kauften und das Mehl auf eigene Rechnung vermarkteten. Im Brief vom September 1848 schreibt er an Elise, dass der Wassermangel gross sei und daher «Mehl und die Wasserwerke mit Wasser, wie das unsrige, sehr gesucht» seien. Er erwähnt, dass sie «vollends beschäftigt seien», müssten «aber unter unsern jetzigen Verhältnissen ungemein billig arbeiten, während wir im anderen Falle jetzt Ernte hätten». Immer wieder beklagte sich Albert in den Briefen an seine Frau, dass er wegen Kapitalmangels zu vergleichsweise weniger rentablen Lohnarbeiten gezwungen sei. Auch Mitte des 19. Jahrhunderts war der Unterhalt einer Grossfamilie kostspielig: Das entstandene finanzielle Manko glich er aus seinem Erbteil der 1835 verstorbenen Mutter aus, während die wohlhabende Schwiegermutter zurückhaltend blieb und den Beutel verschlossen hielt.

Handlungsreisender, Textilhändler, Mühlenbesitzer – all diese Tätigkeiten waren nur das Vorspiel zu Albert Bindschedlers Lebensprojekt: die Erfindung eines Buntwebstuhls, mit dem es möglich wurde, mehrfarbige Stoffe einfach und schnell herzustellen. Die Entwicklung und Vermarktung desselben verschlangen aber auch den gesamten Rest des ererbten Vermögens.

Escher Wyss und Honegger vertrauten der Erfindung

Zwischen 1854 und 1859 befasste sich Albert Bindschedler eingehend mit der Verbesserung der Webstühle. 1859 war es dann soweit; nach vielen Jahren harter Arbeit und grosser Mühe hatte sein Buntwebstuhl die Marktreife erreicht. Diesen konstruierte er in Lichtensteig, denn im Vertrag über Bau und Vertrieb mit Escher Wyss vom 24. September 1859 wird erwähnt, dass die Webmaschine von Lichtensteig nach Ravensburg transportiert werden soll. So zog er im Oktober 1859 nach Ravensburg, um sich seiner Erfindung, dem modernen Buntwebstuhl, zu widmen. Die dortige Niederlassung von Escher Wyss & Cie., deren Direktor Walter Zuppinger hiess und der ein Bruder von Ferdinand war, übernahm Herstellung und Vertrieb zu Bedingungen, die man auch nach heutigen Gesichtspunkten als fair bezeichnen darf. Für die Herstellung des Prototyps erhielt Bindschedler für längstens fünf Wochen ein Tagggeld von 13 Franken, was selbst dann ein hoher Betrag war, wenn man einrechnet, dass er noch einen Arbeiter bezahlen musste. Der Stundenlohn betrug in der Schweiz damals gerade mal 20 Rappen.

Die vereinbarten fünf Wochen waren irgendwann im November 1859 beendet. Der verbesserte Webstuhl bestand die vorgeschriebene Probewoche und stellte offenbar alle zufrieden. Escher Wyss verlängerte Bindschedlers Engagement und schien in die Serienfertigung übergehen zu wollen. Albert kehrte per Ende Januar 1860 nach Ravensburg zurück und er berichtete «arbeite mit grossem Interesse und Schmiss [...], denn wir werden alle Welt überzeugen, dass wir nicht nur etwas sehr Schönes sondern auch vorteilhaftes bringen werden». Die Arbeiten zogen sich hin bis in den Mai 1860. Er schrieb: «Wenn man mir am 30. Januar gesagt hätte, ich wäre am 17. Mai noch hier ohne mit meinen Arbeiten fertig zu sein, so hätte ich solches für unmöglich gehalten, nun ist es aber eben doch so, und ich kann Dir sagen meine l. Elise meine Geduld wird auf eine harte Probe gestellt, hätte ich nicht die bestimmte Gewissheit, dass alles am Ende doch gut wird, ich müsste verzweifeln.» Schliesslich, am 23. Mai, konnte Albert seiner Elise melden: «Und heute habe [ich] nun den kleinen Stuhl zum

DER BINDSCHEDLER'SCHE BUNTWEBSTUHL

Am 2. Mai 1861 meldete die Firma Escher, Wyss & Companie in Ravensburg den Bindschedler'schen Buntwebstuhl in drei Ausführungen, mit zwei, vier und sechs Schützen, beim Königlichen Oberamt zur Ausstellung eines Erfinderpatents auf 10 Jahre an. Die Akte umfasst die genaue Beschreibung sowie vier Zeichnungen der Webstühle ebenso wie eine Abtretungserklärung von Albert Bindschedler.

Auf den Stühlen können bunte Stoffe in zwei, vier oder sechs Farben in verschiedenen Dessins mit 120, 500 bis 4250 Schüssen und mehr fabriziert werden. Im Patentgesuch führt Escher Wyss aus, dass die «Bedeutung dieser Maschine für die Weberei als eine sehr hohe bezeichnet werden könne, indem durch dieselbe die Darstellung von zahllosen Artikeln der Buntweberei möglich ist in einer Weise, welche die Concurrenzfähigkeit der anderen bis jetzt bekannten Darstellungsarten weit hinter sich zurück lässt.» Es wird festgehalten, dass die Voraussetzung zur Erteilung eines zehnjährigen Erfindungspatents erfüllt sei, da «diese Maschine noch nirgends weder im In- noch im Ausland bekannt» sei.

Am 4. Juli 1861 teilt das Ministerium des Innern der Zentralstelle für Gewerbe und Handel mit, dass «seine Königliche Majestät durch höchste Entschliessung [...] den Fabrikanten Escher, Wyss u. Comp. zu Ravensburg auf eigenthümlichen Einrichtungen an mechanischen Webstühlen zur Buntweberei ein Erfindungs-Patent [...] ertheilt».

Escher Wyss & Cie. in Ravensburg.

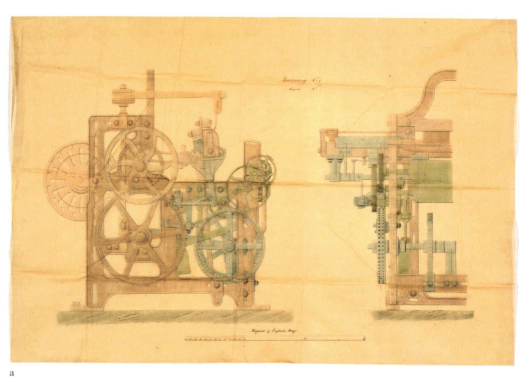

a

a| und c| Planzeichnungen für die Patentierung des Bindschedler'schen Buntwebstuhls.
b| Bestätigung der Erteilung des Erfindungs-Patents vom 4. Juli 1861.

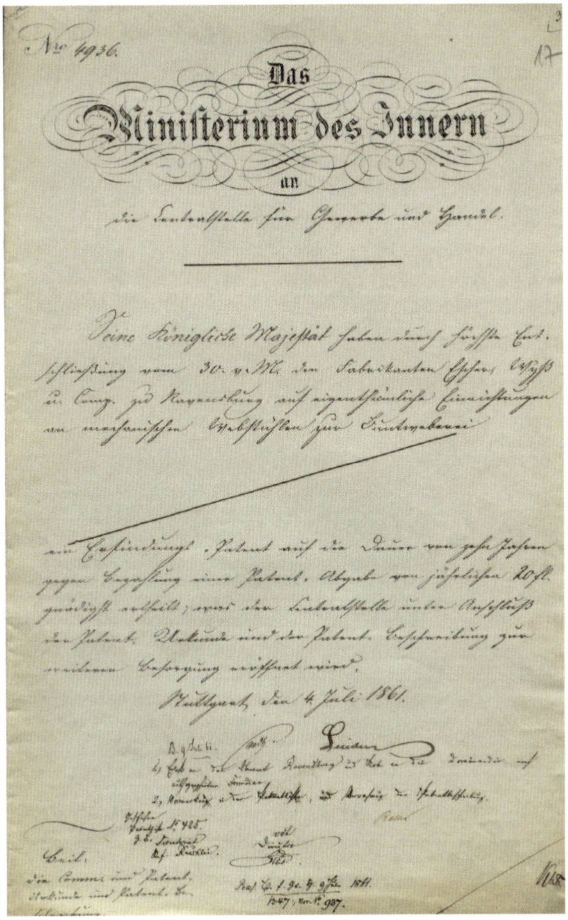

Nro 4936. 17

Das
Ministerium des Innern
an
die Centralstelle für Gewerbe und Handel.

Seine Königliche Majestät haben durch höchste Entschließung vom 30. v. M. den Fabrikanten ... & Comp. zu Ravensburg auf eigenthümliche Einrichtungen an mechanischen Webstühlen zur Buntweberei

ein Erfindungs-Patent auf die Dauer von zehn Jahren gegen Bezahlung einer Patent-Abgabe von jährlichen 20 fl. gnädigst ertheilt; was der Centralstelle unter Anschluß der Patent-Urkunde und der Patent-Beschreibung zur weiteren Besorgung eröffnet wird.

Stuttgart, den 4. Juli 1861.

b

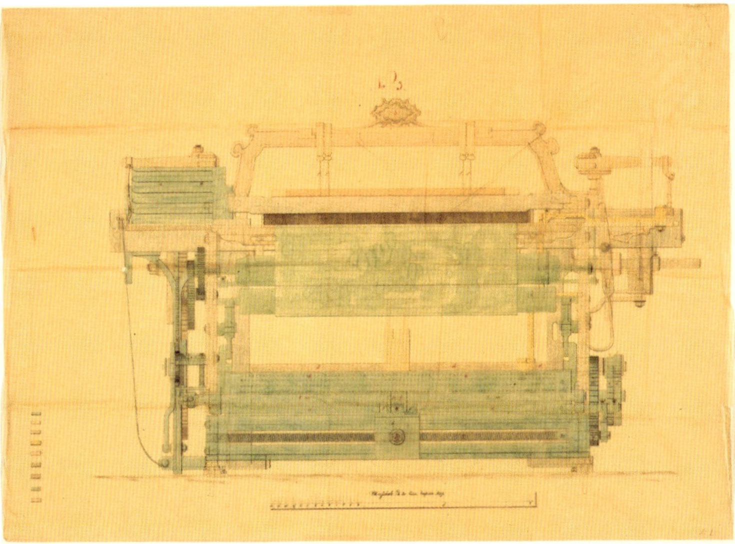

c

ersten Male leer gehen lassen u. dieser geht ganz famos, er verrichtete alle Functionen mit einer ausserordentlichen Genauigkeit u. Schnelligkeit, ohne je zu fehlen, sodass ich heute ganz voll Freude bin.» Escher Wyss verlangte Konstruktionsvarianten; das Kundeninteresse schien gross zu sein. 1861 meldete das Unternehmen den Bindschedler'schen Webstuhl zum württembergischen Patent an. Diesen Triumph erlebte Elise nicht mehr, denn sie war bereits im Dezember 1860 verstorben.

Doch es kam zur Trennung von Escher Wyss. Die Gründe werden in der Korrespondenz zwischen Eheleuten natürlich nicht offen genannt, doch können aus den obigen Verlaufsschilderungen plausible Vermutungen abgeleitet werden. Der technikversessene Erfinder und Tüftler war ein Perfektionist, der immer wieder Änderungen verlangte. Der Maschinenfabrikant aber wollte produzieren, verkaufen und seine Investitionen samt dem Gewinn schnell wieder hereinholen. Damit war der Streit lanciert, und es gewann, wie fast immer, der Stärkere.

Daraufhin wandte sich Albert Bindschedler an Caspar Honegger in Rüti und schloss mit diesem einen Vermarktungsvertrag ab (1863). Dies war möglich, weil sein Buntwebstuhl nur in Baden Württemberg patentiert war. Pro verkauften Webstuhl wurde Bindschedler eine Provision von 10 bis 15 Prozent zugesichert. In den folgenden Jahren wurden allein in der Ostschweiz mindestens 1200 Webstühle nach Bindschedler'scher Erfindung verkauft.

Handelskrisen dämpften die Investitionslust

Die schweren Handelskrisen in den 60er-Jahren des 19. Jahrhunderts, wie diejenigen in Frankreich in den Jahren 1863/64, die «Londoner Krisis» 1866 sowie die alles übersteigende Handelskrise von New York am 23. September 1869, die als «Black Friday» in die Geschichte eingegangen ist, scheinen Albert Bindschedler mehrmals an den Rand des Ruins gebracht zu haben. Dennoch suchte er unermüdlich in England und Deutschland weitere industrielle Partner für die Herstellung seines Webstuhls. Es sind auch Bewerbungen bei den Schweizer Maschinenfabriken Bell in Kriens und Sulzer in Winterthur überliefert. Die Krisen dämpften die Investitionslust der Textilindustrie und das Webmaschinengeschäft war am Boden. Es wurden praktisch keine neuen Betriebe mehr eröffnet.

Bindschedler wurde von seinen Gläubigern unter Druck gesetzt. Die wohlhabende Schwiegermutter verweigerte ihm einmal mehr eine rettende Bürgschaft. 1868 wurde Albert Bindschedler, der noch für drei minderjährige Buben im Alter von neun, zehn und vierzehn Jahren zu sorgen hatte, von zwei seiner Schwiegersöhne aus dem Wohnhaus geworfen, das die Schwiegermutter noch gekauft und welches sie unter Umgehung von Albert Bindschedler direkt ihren Enkeln vermacht hatte.

Seine drei Söhne und er verliessen das Toggenburg und fanden eine ärmliche Unterkunft in Wipkingen bei Zürich. Aus den letzten Lebensjahren sind flehentliche Bittbriefe an Gläubiger überliefert, die immer wieder mit Konkurs drohten. Das Ende der Geschichte ist nicht genau überliefert. Anzeichen für einen Konkurs – der mit der schmählichen Rückkehr in den Bürgerort Männedorf verbunden gewesen wäre – gibt es nicht. Albert Bindschedler war noch nicht ganz 57 Jahre alt, als er am 16. April 1871 starb.

Wie Albert Bindschedler zu seinem Lebenstraum kam, einen Buntwebstuhl zu entwickeln, ist nicht überliefert. Es ist davon auszugehen, dass er als Textilhandelsmann die Vorstellungen und Träume seiner Kundschaft registrierte und mit seinem Webstuhl versuchte, diese Realität werden zu lassen. Seine technische Ausbildung verhalf ihm wohl dazu, seinen Buntwebstuhl über Jahre hinaus zu entwickeln, damit er ein neues Produkt anbieten konnte, das die bisher bekannten Darstellungsarten der Buntweberei weit hinter sich liess.

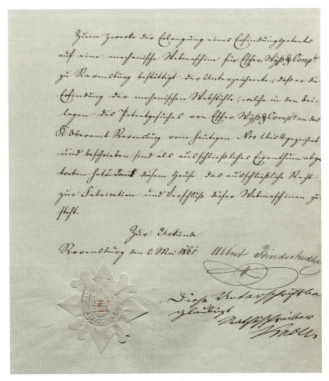

Unterzeichnete und beglaubigte Patentabtretung von Albert Bindschedler an Escher Wyss & Comp., Ravensburg, Mai 1861.

IV
RUDOLF GOTTFRIED BINDSCHEDLER *(1883–1947)* ZWISCHEN BANK UND WISSENSCHAFT

Rudolf G. Bindschedler,
Datum unbekannt.

«An sich hätte mich die akademische Karriere am meisten gelockt, und ich hatte mir als Studiengebiet die Disziplinen der Rechtsgeschichte, des Kirchenrechts und des internationalen Rechts in Aussicht genommen», schreibt Rudolf G. Bindschedler in seinen biografischen Notizen. «Indessen fand ich es für alle Fälle für angezeigt, zuerst einige Jahre praktisch mich zu betätigen.» Er wurde ein bedeutender Bankier der Zwischenkriegszeit, ein reicher Mann und zugleich ein grosszügiger Förderer der Wissenschaft. Ihm ist auch die Familienstiftung Rudolf Gottfried Bindschedler zu verdanken.

Vom Kirchenrecht …

Am 9. Juli 1883 erblickte Rudolf Gottfried Bindschedler in Zürich das Licht der Welt. Er war der älteste Sohn des Mediziners Rudolf Gottfried Bindschedler (1843–1915). Mit seinem Bruder und seinen beiden Schwestern verbrachte er die Kindheit in Zürich. Nach erlangter Maturität begann er mit 19 Jahren sein Studium der Rechtswissenschaften an der Universität in Zürich. Der Zürcher Arztsohn promovierte 1906 summa cum laude in Kirchenrecht.

Dann trat Alfred Frey in sein Leben, freisinniger Zürcher Nationalrat von 1900 bis 1924 und Sekretär, später Präsident des Schweizerischen Handels- und Industrievereins, genannt «Vorort», häufig auch als achter Bundesrat bezeichnet. Frey stellte den jungen Juristen gleich nach der Doktorprüfung an: In den dreieinhalb Jahren als II. Sekretär lernte er die Mechanik von Wirtschaft und Politik aus bevorzugter Warte kennen. Während sein Lehrmeister Frey immer wieder für Verhandlungen über Handelsverträge in Anspruch genommen wurde, wurde der junge Bindschedler mit praktischer Referentenarbeit gefordert: In Fragen des Zolltarifs, für das neue Fabrik- und das Postgesetz.

… zum internationalen Banking

Als sich Rudolf G. Bindschedler wieder der Wissenschaft zuwenden wollte, lockte ihn die Bank Leu & Co., damals eine der grössten Banken der Schweiz, mit dem Posten eines Direktionssekretärs. Schon nach sechs Jahren stieg er in die Direktion auf. Während seiner Tätigkeit als Vizedirektor gründete er seinen eigenen Hausstand mit Maria Laufer, die er am 25. März 1913 in Zürich heiratete. Aus der Ehe sind zwei Kinder hervorgegangen; sein Sohn Ernst Rudolf Leo, geboren am 8. Juli 1915, und seine Tochter Maria Beatrice, geboren am 23. Oktober 1920.

1919 berief ihn die Schweizerische Kreditanstalt in ihre Zentraldirektion, wo er bis Ende 1936 bleiben sollte. Die Bank vertraute ihm die Leitung des schweizerischen Effektengeschäfts sowie die des internationalen Kommissionsgeschäfts an. Dazu schreibt er in seinen Memoiren: «In dieser Betätigung lernte

a

b

a | Dissertation von Rudolf G. Bindschedler.
b | Die Schweizerische Kreditanstalt am Zürcher Paradeplatz, um 1930.

Rudolf G. Bindschedler wird von Frankreich im Januar 1927
mit dem Titel «Ritter des Nationalordens der Ehrenlegion» beehrt.

ich eine Reihe ausserordentlich interessanter Persönlichkeiten des Auslandes, namentlich der Finanz- und Wirtschaftswelt kennen, und ich gewann Einblicke in die internationalen Geschäftsverkettungen und ihre Probleme.» Bildung, Weltgewandtheit und schnelles, gründliches Denken waren gefordert.

So fand sich Rudolf G. Bindschedler in wichtigen internationalen Finanzoperationen wieder, wie die Dawes- und die Young-Anleihen, sowie anderen für die Schweiz bedeutenden Operationen, wie die ersten französischen Anleihen nach dem Ersten Weltkrieg. Für letztere wurde er in Anerkennung und Würdigung seines Engagements am 12. Januar 1927 vom Präsidenten der Französischen Republik, Gaston Doumergue, zum «Chevalier de la Légion d'Honneur» ernannt. Der gelernte Kirchenrechtler wurde zu einem der wichtigsten Schweizer Bankiers von internationalem Zuschnitt in der Zwischenkriegszeit.

Kontakte zur Finanzwelt, Industrie und Politik der USA

Über Rudolf G. Bindschedlers Geschäftsreisen in die USA liegen mehrere ausführliche Reiseberichte aus seiner Feder vor. Sein Auftrag lautete zunächst, die durch den Ersten Weltkrieg unterbrochenen alten Verbindungen wieder aufzunehmen, die Möglichkeiten der Belebung des Effekten- und Syndikatsgeschäfts zu prüfen und in den Vereinigten Staaten von Amerika Rembours-Kredite erhältlich zu machen. Innert kurzer Zeit besuchte er über zwei Dutzend namhafte Banken und Wertpapier-Handelshäuser.

Am 18. Februar 1922 war R. G. Bindschedler Gast beim Twentyfirst Annual Banquet des American Institute of Banking im Hotel Commodore in New York. An diesem Grossanlass nahmen etwa tausend Personen teil, worunter eine «grosse Zahl Bankpresidents und Vicepresidents aus allen Ost- und Mittelstaaten Amerikas». Er hatte somit Gelegenheit, eine Reihe Leute aus anderen Städten kennenzulernen. «Dem Bankett vorausgehend fand eine mehr private Reception statt, zu der ich vom Präsidenten Harry E. Ward von der Irving National Bank besonders eingeladen worden war. Ich möchte auch erwähnen, dass die Rede von Hon. D. R. Crissinger, dem Comptroller of the Currency, in Washington einen ausgezeichneten Überblick über Währungsprobleme gab.» Seine Kontakte beschränkte er nicht nur auf das Finanzgeschäft, sondern er traf auch wichtige Persönlichkeiten aus der Industrie: «Ich habe besondere Einführungen an die Herren der General Electric gehabt, wo ich den Präsidenten C. A. Coffin von der General Electric, Gerard M. Swope, Präsident der International General Electric Co. (die, die Auslandsgeschäfte ausführt), und S. C. Mitchell, Präsident der Electric Bond-&Share Company kennen lernte. [...] Ich hatte mit allen drei Herren sehr interessante Besprechungen. Sie haben mir Ziffern [...] gezeigt, die mir wertvolle Aufschlüsse gaben nicht nur über ihre Gesellschaft und ihre Tochtergesell-

DIE DAWES- UND YOUNG-ANLEIHEN

Rudolf Gottfried Bindschedler war wiederholt in schweizerischen und internationalen Kommissionen tätig. Im Jahr 1928 wurde er Mitglied der beratenden Ausschüsse der Bank für Internationalen Zahlungsausgleich (BIZ). 1931 wurde er Mitglied des von der BIZ auf Empfehlung der Londoner Konferenz ernannten Expertenkomitees in Basel, das die Zahlungsunfähigkeit Deutschlands festzustellen hatte und aus dessen Beratungen das Stillhalteabkommen zwischen den deutschen und den ausländischen Bankausschüssen hervorging. Im gleichen Jahr wurde er Mitglied des Young-Advisory-Board in Basel, welches in seinem Bericht, leider vergeblich, den Ernst der Lage Deutschlands wie der ganzen Welt zum Ausdruck brachte. Dazu hält er in seinen biografischen Notizen fest: «Gerade die Arbeit in diesen beiden Komitees und die Einblicke, die ich dabei in die politischen Verhältnisse gewann, waren ausserordentlich deprimierend. Vernünftige Vorschläge wurden ausgearbeitet und als solche anerkannt, um als Spielball von den Regierungen von einer Kommission an die andere geworfen zu werden, bis keinerlei Sanierung auf geordnetem Wege mehr möglich war.»

Der Dawes-Plan wurde 1924 von der Reparationskommission unter dem Vorsitz des Amerikaners C. G. Dawes aufgestellt und im Londoner Abkommen gleichen Jahres angenommen. Er legte die von Deutschland nach dem Ersten Weltkrieg zu zahlenden Reparationen nach Beurteilung der deutschen Leistungsfähigkeit fest und beendete die von Frankreich betriebene «Politik der produktiven Pfänder» (Ruhrbesetzung), setzte auf die Stärkung der deutschen Leistungskraft und schuf günstige Bedingungen, internationale Kredite nach Deutschland zu geben.

Durch die herrschende Weltwirtschaftskrise erwiesen sich die im Dawes-Plan festgelegten Verpflichtungen als eine für das Deutsche Reich nicht tragbare Belastung. Im Juni 1929 legte daher ein Sachverständigenausschuss, dem auch Rudolf G. Bindschedler angehörte, unter der Leitung von Owen Young einen neuen Zahlungsplan für die Reparationen vor, der dem deutschen Wunsch nach Senkung der Schuldenlast entgegenkam. Die Reparationssumme wurde nun auf 112 Milliarden Reichsmark mit einer Laufzeit bis 1988 festgelegt. Der Young-Plan stiess in Deutschland wegen der langen Laufzeit auf Widerstand und ein Volksentscheid wurde im Dezember 1929 gegen den Young-Plan initiiert. Trotz des Scheiterns dieses Volksentscheids und der Annahme des Young-Plans durch den Reichstag am 12. März 1930 war diesem keine lange Laufzeit beschieden. Als Folge der Weltwirtschaftskrise wurde er auf der Konferenz von Lausanne im Juli 1932 aufgehoben.

Glückwunschschreiben von Thomas W. Lamont, Bank of England, nach Abschluss der Dawes-Anleihe.

Die Bankiers bereiten die Young-Anleihe in Paris vor, 25. Mai 1930.

schaften, sondern auch über die allgemeine wirtschaftliche Situation in den Industrie- und Farmgegenden der Union.» Auch bei wichtigen politischen Persönlichkeiten verkehrte er: «So war ich bei Colonel House eingeladen, der ja während einer Zeit, als Mitarbeiter [von Präsident] Wilsons, eine der wichtigsten Persönlichkeiten der amerikanischen Regierung in ihren Beziehungen zu Europa war.»

Wandel im Bankgeschäft

Bindschedler vermerkte dabei den frühen Wandel des amerikanischen Bankgeschäfts in Richtung Marketing und aktiven Verkauf. «Bei all den vorerwähnten Banken wurde in Bezug auf das Syndikatsgeschäft nachdrucksam darauf hingewiesen, dass Amerika vor dem Kriege nur New York und einige wenige andere Plätze wie London, Chicago, Philadelphia, und auch nur eine bestimmte Zahl Banken für das Placementgeschäft zur Verfügung gehabt hatte, und dass die Zahl der amerikanischen Bondholders überhaupt nur einige hunderttausend gewesen sei [...].» Diese Situation sei heute total anders. Die amerikanischen Häuser wie J. P. Morgan & Co., Kuhn, Loeb & Co. etc. hätten ihre Syndikats- und Placementorganisationen in Amerika in ungeheurem Masse ausgebaut, sodass sie heute viele Hunderte von Unterbeteiligten zur Verfügung hätten und mehr Beteiligungen in Amerika abgeben könnten, als sie überhaupt wollten oder in der Lage seien. Es sei nicht zu vergessen, «dass die Zahl der Bondholders heute in Amerika in die Millionen gehe, statt dass sie nur ein paar hunderttausend betrage [...]. Früher hätten der Farmer und der kleinere Kapitalist nur die Mortgage [Hypothek] und die Anlage bei der Savings Bank gekannt. Heute seien sie Bondholders und infolgedessen sei die Kraft des amerikanischen Marktes für die Aufnahme von Emissionen eine ausserordentliche geworden.»

Der damals erst 39 Jahre alte Bankier Bindschedler war wie die meisten seiner Berufskollegen in den europäischen Geschäftsbanken noch weit entfernt vom Gedanken, die Massenmärkte der Kleinsparer für Finanzprodukte zu erschliessen, geschweige denn ein systematisches Marketing oder eine schlagkräftige Verkaufsorganisation aufzusetzen.

Emission innert 48 Stunden

Rudolf G. Bindschedler lernte bei dieser Gelegenheit auch, dass das amerikanische Syndikats- und Placementgeschäft für europäische Banken schwer zugänglich war, dies schon aus technischen und zeitlichen Gründen. Wenn einmal eine Emission von der Aufsichtsbehörde genehmigt war, kam sie innert 48 Stunden auf den Markt. «So sei es sehr schwierig, uns eine Beteiligung zu offerieren, da ja die Zeit kaum für den Kabeldienst ausreiche, für eine Antwort und insbesondere auch für unsere Zeichnung einzureichen.»

Zugleich gab man dem Emissär aus der Schweiz höflich, aber deutlich zu verstehen, dass man – wegen der erstarkenden Wirtschaft und der hohen Geldflüssigkeit in den USA – derzeit ausländische Anleger eigentlich nicht brauche. Bindschedler erreichte immerhin Zusagen von J. P. Morgan & Co. und Kuhn, Loeb & Co., der Schweizerischen Kreditanstalt (SKA) in Zukunft Beteiligungen bei einer Anzahl von Geschäften zu gewähren, dies «im Hinblick auf unsere früheren Beziehungen sowie mit Rücksicht darauf, dass wir ferner Aufträge für die Börse in grösserem Umfange geben können und dass wir gut zu placieren in der Lage sein werden». Ähnliche Zusagen erreichte Bindschedler von einem halben Dutzend angesehener Banken sowie von weiteren Wertschriftenhändlern, wobei er die Grenzen des Wachstums durchaus realistisch sah. «Ich habe viel Zeit damit verbracht, mit diesen Herren die letzten Emissionen zu besprechen und habe dabei gesehen, dass eben eine Reihe von Emissionen von Manufakturhäusern, Handelshäusern etc. vorgenommen worden sind, die zum Teil typisch lokal amerikanischen Charakter hatten und deshalb nur für einen Amerikaner verständlich sind, während sie unser Publikum nicht interessieren können.»

Hohes Ansehen der Schweizer Banken in den USA

Auf seiner ersten USA-Reise kümmerte sich Bindschedler auch um Arbeitskredite für die SKA bei verschiedenen Banken und stiess dabei auf grosse Zuvorkommenheit. Er führte die Verhandlungen ausnahmslos in dem Sinne, dass er um die Kredite nicht bat, sondern diese im Verlaufe des allgemeinen Gesprächs lediglich erwähnte. «Wenn sie, die amerikanischen Banken, Interesse hätten, seien wir [die SKA] eventuell in der Lage, von diesen Rembours-Krediten, die wir in Dollars aufzutun im Begriffe seien, ihnen einen Teil zuzuhalten. Ich habe auch nachdrücklich betont, dass, wenn das Geschäft sie nicht interessiere, London, wie sie ja selbst wüssten, sich alle Mühe gebe, die alten Commerzgeschäfte wieder in die Hand zu bekommen. Nun haben die New Yorker Banken schon so viel von ihrem Auslandsgeschäfte verloren, dass sie gerade in diesem Punkt empfindlich sind.» Er bemerkt, dass der Name der Schweizerischen Kreditanstalt bei den amerikanischen Grossbanken sehr angesehen sei, «aber nach meinem Erachten besteht die Notwendigkeit, unsere Beziehungen regelmässig durch persönliche Besuche lebendig zu erhalten und die Banken auch in gewissem Umfange über die Wirtschaftsverhältnisse bei uns zu orientieren.»

Diese Geschäftsbeziehungen wurden fortan gepflegt; Rudolf G. Bindschedler trat die Schiffsreise nach Amerika, teilweise in Begleitung seiner Gattin Mary Bindschedler-Laufer, zwischen 1922 und 1937 mindestens fünf Mal an.

DAS JAHRHUNDERT DER ELEKTRIZITÄT

In seinen biografischen Notizen hält Rudolf G. Bindschedler fest, dass ihn die Mandate auf dem Gebiete der Elektrizität in besonderem Masse interessiert haben, weil er von den wichtigsten Problemen der Elektrizitätswirtschaft und den besonderen Aufgaben ihrer Leitung in fremden Ländern Erfahrungen gewinnen konnte. Ende 1936 wurde er zum Verwaltungsratspräsidenten der Bank für Elektrische Unternehmungen und der Schweizerisch-Argentinischen Hypothekenbank gewählt; beide Positionen hielt er bis zu seinem Tod inne.

Bereits zehn Jahre vorher, nämlich 1925, zeigte er reges Interesse an den Public Utilities, vor allem an der Elektrizitätswirtschaft, deren Situation in den USA eine sehr gute sei. Experten sahen in der Elektrizität ein grosses Potenzial: «Die ausgezeichnete Propaganda, die für die Benützung von Gas und Elektrizität für private Zwecke gemacht wird, hat zu einer kolossalen Konsumsteigerung geführt. […] In weiten Kreisen der Fachleute ist denn auch die Ansicht vorherrschend, dass, wie das 19. Jahrhundert das Jahrhundert der Eisenbahnen war,

Aktie der Bank für Elektrische Unternehmungen, 1936.

Firmenfoto der Elektrobank, zweite Reihe von vorne, Mitte, Rudolf G. Bindschedler, März 1946.

das 20. Jahrhundert das Jahrhundert der Elektrizität sei, und wir erst im Anfang der Entwicklung stehen.»

Binderschedler fügt an, dass es für die schweizerische Exportindustrie, was das elektrische Geschäft anbelangt, geschickter Initiative bedürfe, um sich einen entsprechenden Teil des Exportes zu sichern, zu dem sie qualitativ auch berechtigt sei. «Das Problem, ob die Schweiz nicht, wie auch Belgien, heute noch auf gewissen Gebieten überindustrialisiert ist, bleibt offen. Jedenfalls aber zeigt sich, dass vielleicht in der Zukunft das wertvollste Gut für die Schweiz unser Kapital ist, und es unsere Aufgabe sein wird, mit diesem Gelde nicht nur im Inlande, sondern auch ausserhalb des Landes vorsichtig, aber erfolgreich zu operieren zu suchen, da wir im Lande selbst wohl nicht in vollem Umfange eine nutzbringende Beschäftigung für das Geld finden können.»

Kollateralschäden des Börsenkrachs

Im Frühjahr 1928 berichtete er von seinem USA-Besuch, dass sich in Verkehr, Handel, Arbeitsbedingungen, Geld- und Börsenlage die ausgesprochene kontinuierliche Prosperität des Wirtschaftskörpers als Ganzes zeige. «Diese Tendenz, wie sie sich gerade an der Börse widerspiegelt und die uns besonders interessiert, ist hauptsächlich mitgefördert worden durch das billige Geld. Gewiss sind von Zeit zu Zeit, und besonders in den letzten Wochen Rückschläge zu verzeichnen gewesen, allein von einer Krise könnte keine Rede sein [...]. Um es vorweg zu nehmen, wir betrachten auch die heutige Börsen-Situation im Ganzen als gesund und wir müssen immer wieder daran erinnern, dass wir für absehbare Zeit keine schwere Börsenkrisis voraussehen können, weil die amerikanische Wirtschaft heute über zwei ausserordentliche Fundamente verfügt, die ihr vor dem Kriege fehlten. Das eine Fundament, das System der Federal Reserve Banks, die ausserordentlich geschickt geleitet sind und eine enorme Macht darstellen und zweitens, der Kapital-Reichtum, der der amerikanischen Wirtschaft im letzten Jahrzehnt zugeflossen ist.» Diese Einschätzung sollte sich am 24. Oktober 1929 als falsch erweisen; die Börse crashte und das Ereignis ging als «Black Thursday» in die Finanzgeschichte ein.

Eine weitere Reise im Herbst 1930 stand im Zeichen der grossen Wirtschaftsdepression. Erstmals begab sich Bindschedler auch nach Kanada, wo er neben Vertretern der Industrie und der Versicherungswirtschaft u. a. Sir Herbert Holt traf, den Chairman der Royal Bank of Canada, eine führende Persönlichkeit beim Aufbau öffentlicher Versorgungsbetriebe, die Rudolf G. Bindschedler besonders interessierten. Als er – ab 1928 im Verwaltungsrat, von 1936 bis 1947 als Präsident – der Elektrobank vorstand und dort über grosse Investitionsvorhaben und Finanzierungsprojekte in aller Welt zu entscheiden hatte, profitierte er von diesen Kontakten und Kenntnissen.

Ihm entging nicht, dass die öffentlichen Versorgungsbetriebe auch in Krisenzeiten ausgeglichene Ergebnisse erzielten und sich als krisenresistente Anlagen bewährten. Deutlich wies er aber auch auf die moralischen und psychologischen Folgen des Börsensturzes und damit auf die hässliche Kehrseite des aggressiven Marketings von Anlagepapieren hin. Es besteht kein Zweifel darüber, dass Bindschedlers Amerika-Berichte bankintern meinungsbildend waren. Sie trugen dazu bei, die traditionelle Zurückhaltung des Hauses gegenüber dem Massengeschäft bis in die 70er-Jahre hinein aufrechtzuerhalten. So schrieb er: «Der scharfe Börsenkrach von 1929 hat viel gewaltigere Verluste gebracht, als man sich in Europa vergegenwärtigt. Tausende von Leuten haben ihr gesamtes Vermögen verloren. Die Börse von New York war nur der Exekutionsplatz für die gesamten USA, und das Kaufen auf Marge war durch das amerikanische Animiersystem der Salesmen bis in die weitesten Volkskreise vorgetrieben worden. Die Folge dieser masslosen Spekulation und der daraus resultierende Verlust haben neben dem materiellen Verluste ein moralisches Debakel ausgelöst. Das lähmt im Grunde noch heute die Kauftätigkeit.»

Skepsis gegenüber dem «New Deal»

Undatierte Reisenotizen aus dem wirtschaftlich ebenfalls schlechten Jahr 1937 belegen, dass sich der inzwischen international erfahrene und bestens vernetzte Schweizer Topbanker Rudolf G. Bindschedler nun auch in die Regierungskreise nach Washington begab, um auf höchster Ebene Erkundungsgespräche zu führen. In der Zeit des von Präsident Franklin D. Roosevelt verkündeten «New Deal», einer Serie von Wirtschafts- und Sozialreformen, traf er sich mit hochrangigen Vertretern des Finanzministeriums (Treasury Department) und der Notenbank (Federal Reserve Board), darunter Finanzstaatssekretär Henry Morgenthau.

Inzwischen fühlte sich Bindschedler auch auf dem Feld der allgemeinpolitischen Lagebeurteilung so sicher, dass er – jedenfalls in seinen internen Berichten – mitunter sehr deutlich wurde. So betonte er, «[...] dass infolge der so raschen Wandelbarkeit von Präsident Roosevelt niemand in Geschäftskreisen mehr grosses Vertrauen zu ihm hat, und dies vereitelt den günstigen Eindruck sehr stark, den an sich vernünftige (wirtschaftsfördernde) Massnahmen vielleicht haben könnten [...]. Es hätte keinen Sinn, Ihnen die Ausdrücke zu wiederholen, in denen die Wall Street-Bankiers von Präsident Roosevelt und seiner Administration sprechen und vice versa».

Ende 1936 zog sich Rudolf G. Bindschedler aus der Direktion zurück. Seine Tätigkeit im Verwaltungsrat der Kreditanstalt, in den er 1928 gewählt worden war, behielt er weiterhin inne. Besondere Sorgfalt verwendete er auf seine Tätigkeit für die Elektrobank, die als Finanzierungsvehikel für Stromproduzenten in Deutschland gegründet worden war und in der Zwischenkriegszeit starke Aktivitäten in der Schweiz aufnahm, vor allem beim Bau der Alpenkraftwerke. Die Elektrobank (ab 1946 Elektrowatt) beschloss schon 1935 unter dem Einfluss der Kreditanstalt, sich auch für industrielle Tätigkeitsbereiche zu engagieren.

Die Liebe zur Wissenschaft

Sein grosses ausserberufliches Engagement widmete er seiner ersten Liebe, der Wissenschaft, indem er als grosser Förderer der Universität Zürich hervortrat. Er war von 1932 bis 1938 Präsident des Zürcher Hochschulvereins, der unter seiner Leitung eine sehr erfreuliche Entwicklung nahm. Dafür erhielt er von der Universität Zürich schon 1936 in Anerkennung seiner Verdienste die Würde eines

Die Villa Delphin, Pilatusstrasse 14 in Zürich, erbaut von den Gebrüdern Pfister, Wohnsitz von Rudolf G. Bindschedler.

«Ständigen Ehrengastes der Universität» verliehen. Weiter engagierte er sich in der Stiftung für wissenschaftliche Forschung sowie für die Jubiläumsspende für die Universität Zürich. Über seine Aufgabe in der Hochschulkommission schreibt er: «Diese beratende Tätigkeit [...] hat mir besondere Befriedigung gebracht, weil sie mir auch Gelegenheit gab, mit einer Reihe unserer bedeutenden und verdienten akademischen Lehrer erneut in engeren Kontakt zu kommen.»

In seiner Biografie spiegeln sich wirtschaftlicher Erfolg, akademische Bedeutung und grossbürgerliches Engagement. Dieses kommt auch in der Familienstiftung Rudolf G. Bindschedler zum Ausdruck, die er schon 1918 gründete. Zweck der Stiftung ist u. a. die Ausrichtung von Erziehungs-, Unterstützungs- und Ausstattungsbeiträgen an die Kinder des Stifters und deren Nachkommen sowie bei Fehlen von Nachkommen des Stifters an die Geschwister des Stifters und deren Nachkommen.

Rudolf Gottfried Bindschedler spielte in einer politisch herausfordernden Zeit als bedeutender Finanzmann und Wirtschaftssachverständiger mehr als ein Vierteljahrhundert im schweizerischen und internationalen Wirtschaftsleben eine hervorragende Rolle. Seine überragende Intelligenz gepaart mit unermüdlichem Arbeitswillen, seine Disziplin und seine restlose Hingabe an eine übernommene, noch so schwere Aufgabe, ohne dabei je die humanen Aspekte aus den Augen zu verlieren, das alles sind Eigenschaften, die ihn prädestinierten, führende Stellungen in der Finanzwelt wahrzunehmen.

Zürich, den 29. April 1936.

Herrn Dr. R.G. Bindschedler,
Präsident des Zürcher Hochschulvereins,
Zürich.

Sehr verehrter Herr Doktor,

    Ich habe die Ehre, Ihnen hiermit zur Kenntnis zu bringen, dass der Senatsausschuss Sie, als bewährten Freund der Universität und unermüdlichen Förderer ihrer Interessen, mit heutigem Tag zum
      "Ständigen Ehrengast der Universität Zürich"
ernannt hat.
    Der Ständige Ehrengast ist zu allen akademischen Feierlichkeiten und Antrittsreden eingeladen, und es wird ihm jeweilen der gedruckte Jahresbericht der Universität zugestellt.
    Die Universität freut sich, Sie durch diese Ernennung in besonderer Weise mit ihr verbunden zu wissen.

                    In vorzüglicher Hochachtung
                        der Rektor:

Ernennung zum «Ständigen Ehrengast der Universität Zürich», April 1936.

V
ERNST RUDOLF LEO BINDSCHEDLER (1915–1991) BRÜCKENBAUER ZWISCHEN VÖLKERRECHT UND POLITIK

Ernst Rudolf Leo Bindschedler,
frühe 1960er-Jahre.

Jurisprudenz war sozusagen Familientradition. Sein Vater war der Jurist und welterfahrene Bankier Rudolf Gottfried Bindschedler. Es sei «eine Serie von Zufälligkeiten» gewesen, die ihn in die höchsten Etagen der Bundesverwaltung befördert hätten, verriet Ernst Rudolf Leo Bindschedler bei seinem Rücktritt. Prof. Bindschedler profilierte sich als der führende Schweizer Völkerrechtler der Nachkriegszeit, als Berater von fünf Bundesräten und als internationale Autorität auf seinem Gebiet. Er trug wesentlich dazu bei, dass die Schweiz im Kalten Krieg als neutrale, vermittelnde Kraft wahr- und ernstgenommen wurde, was einen grossen Zugewinn an Reputation und Vertrauen auf höchster internationaler Ebene bedeutete. So gesehen bildete Bindschedlers Wirken auch einen wichtigen Beitrag zur günstigen wirtschaftlichen Entwicklung der Schweiz in den Nachkriegsjahren.

Werdegang eines Botschafters

Ernst Rudolf Leo, genannt Rudolf, wurde am 8. Juli 1915 in Zürich geboren. Hier wuchs er zusammen mit seiner fünf Jahre jüngeren Schwester Maria Beatrice auf, wo er auch die Schulen besuchte und die Maturität erlangte. Nach dem Studium in Zürich und Paris absolvierte er das übliche Jahr als Substitut am Zürcher Bezirksgericht. Dann bewarb er sich 1943 erfolgreich beim Eidgenössischen Politischen Departement in der Absicht, ein Jahr zu bleiben und Erfahrungen zu sammeln. Sein Biograf Konrad Stamm referiert aus dem Gespräch am Ende der aktiven Laufbahn: «Aus Faulheit sei er dann aber im EPD hängen geblieben, habe sich zunehmend mit völkerrechtlichen Fragen beschäftigt und sei, weil ihm auf diesem Gebiet niemand Konkurrenz gemacht habe, in der Beamtenhierarchie rasch auf- und dann oben quasi wieder ausgestiegen.»

An seinem Arbeitsplatz lernte er die Juristin Denise Robert kennen. In der engagierten Völkerrechtlerin fand Rudolf Bindschedler die ideale Partnerin, denn sie hatten ein gemeinsames Lebensthema: den Einsatz für Frieden und Recht. Sie heirateten 1950 und hatten drei Kinder. Rudolf Pierre, geboren 1951, entschied sich – so wie auch sein zwei Jahre jüngerer Bruder Georges Leo – der in der Familie verankerten Jurisprudenz die Treue zu halten. Catherine Anne, geboren 1954, bildete sich zur Behindertenbetreuerin aus und fand Erfüllung in der Arbeit mit geistig und körperlich schwer behinderten Kindern.

Selbstironie, klare Aussprache, Understatement

Bindschedler war zeit seines Lebens das Gegenteil eines fügsamen und knetbaren Beamten. Bald arbeitete er als Rechtsexperte unter Diplomaten, aber diplomatisch war er nicht immer. Unerbittlich kam er auf den Punkt. «Seine unge-

Ausweis vom Bundeshaus Westbau, 1943.

schminkten Äusserungen sind nicht überall geschätzt worden», berichtet sein langjähriger Weggefährte Minister Emanuel Diez. «Vor allem dort nicht, wo die Tendenz besteht, gefährliche Entwicklungen als unangenehm nicht zur Kenntnis nehmen zu wollen.»

Er war der Realist, manchmal auch der Störenfried unter vielen Opportunisten. Seine Unabhängigkeit wurzelte nicht nur in der Herkunft und der soliden Ausbildung, sondern in einem bodennahen, gut schweizerischen Naturell. Noch ist seine hohe Gestalt in Erinnerung, wie er als Regimentskommandant das letzte Defilée der Schweizer Kavallerietruppe anführte.

Die Härte, Selbstdisziplin und Treue, die man den Dragonern nachsagt, waren Leitwerte im Leben und Schaffen von Rudolf Bindschedler, der bald eindrucksvolle Titel trug: Professor, Botschafter usw. Aber er liess sich von der opportunistischen Geschäftigkeit in Bundesbern nicht ablenken. Konrad Stamm: «Mit seiner direkten Art widerspricht er eigentlich völlig dem Bild, das man sich gemeinhin von einem Diplomaten macht. Auch äusserlich gibt er sich nicht die geringste Mühe, als jemand zu erscheinen, der er nicht ist. Wenn sich andere Schweizer Diplomaten an internationalen Konferenzen bemühen, ein möglichst akzentfreies Englisch oder Französisch zu sprechen, so unterdrückt Botschafter

Bindschedler seinen auffallenden, breiten Zürcher Akzent auch vor ranghohen Delegationen aus aller Welt nicht im geringsten, ja es gibt Leute, die behaupten, dass er solchen Nonkonformismus mit Absicht pflege.»

Bürger und Soldat

Schon als Junge lernte Rudolf Bindschedler reiten; 1937 wurde er gar Hochschulmeister und so war es nicht verwunderlich, dass die Kavallerie seine Waffengattung wurde. Der Akademiker fühlte sich wohl im Kreise dieser bodenständigen und stolzen Truppe. Rudolf Bindschedler erlebte den ganzen Aktivdienst hautnah mit. Noch aus seiner Studentenzeit ist ein kleiner Artikel über die Ursachen der französischen Niederlage im Westfeldzug 1940 überliefert – hochinteressant und auch aus späterer Sicht zutreffend in der Analyse.

Die berufliche Verbindung von Aussenpolitik und Militär hat ihn dann wohl auch nach Bern gezogen. Und hier ist er geblieben, weil er Kriegs- und Neutralitätsrecht – so nannte er seine Spezialvorlesung – als «work in progress» verfolgen und mitgestalten konnte. Bewaffnete Neutralität war sein Bekenntnis, und er lebte es sowohl beruflich als auch in seiner Funktion als Milizoffizier, die ihn bis ins Kommando eines Dragonerregimentes brachte. Die Dragonerregimenter wurden mit der Truppenordnung (TO) 61 eingeführt und den Armeekorps angegliedert. Zu Ausbildungszwecken in Friedenszeiten war dann das von ihm geführte Dragonerregiment 4 der damaligen Grenzdivision 7 unterstellt.

In der Zentralschule III erhielt der Offizier Bindschedler von Oberstbrigadier Brunner die folgende rühmende Qualifikation: «Ruhige, überlegene und sichere Persönlichkeit. Gutes taktisches Verständnis und gute Kenntnisse. In der Entschlussfassung rasch, durchdacht, das Wesentliche treffend; klare, bestimmte Befehlsgebung.»

Vertrauter von fünf Bundesräten

Seine zivile Tätigkeit als juristischer Chefberater der Bundesräte Max Petitpierre, Friedrich Traugott Wahlen, Willy Spühler, Pierre Graber und Pierre Aubert leitete Rudolf Bindschedler streng aus der Wissenschaft ab. Sein Spezialgebiet, das Völkerrecht und die damit verbundenen Spezialgebiete der internationalen Zusammenarbeit, der friedlichen Konfliktregelung, der Neutralitätspolitik usw. entwickelte er tatkräftig weiter, indem er an der Schnittstelle zwischen Wissenschaft und politischer Praxis nach beiden Seiten Verständnisbrücken baute. So war es denn logisch, dass er sich an der Universität Bern für Völkerrecht habilitierte und ab 1950 als Privatdozent, von 1956 bis 1985 als ausserordentlicher Professor wirkte. Nicht wenige seiner Studenten wurden später grosse Nummern in Diploma-

Habilitationsschrift

tie und Verwaltung. Viele erinnern sich an lebhafte Lehrveranstaltungen, etwa an hitzige Streitgespräche zwischen Bindschedler und eingeladenen Professoren für Geschichte und Soziologie. Erkenntnisgewinn durch Dialektik war seine Lehrmethode.

Erfolgreich kämpfte er für die Etablierung eines eigenen zentralen Rechtsdienstes im Eidgenössischen Politischen Departement. Ohne Widerstände ging das nicht, denn die Schweiz war damals noch weit entfernt von einer aktiven Aussenpolitik, zumal diese kein wirkliches politisches Thema war. «Das Volk interessiert sich nicht dafür,» pflegte er mit der ihm eigenen Ironie zu sagen, «und die paar National- und Ständeräte, die manchmal darüber reden, tun es vorwiegend, um für sich selbst Propaganda zu machen und weniger, weil sie etwas davon verständen.» Mehr als einmal äusserte er sich enttäuscht über den Opportunismus in der schweizerischen Aussenpolitik, «der zwar Südafrika und Chile verurteile, hingegen kein Wort über ‹Kaiser› Bokassa oder ‹Feldmarschall› Idi Amin verloren habe und noch weniger gegen die üblen Machenschaften kommunistischer Regimes Stellung zu nehmen wage.» (zit. nach Konrad Stamm, «Bund» vom 16. Nov. 1979).

a

a | Hochschulmeister im Reiten, 1937.
b | Bindschedler, vorne rechts, an der Rahmenübung 1954.
c | Rahmenübung der Dragoner, Bindschedler zweite Reihe, zweiter von links, 1954.

b

c

KONFERENZ ÜBER SICHERHEIT UND ZUSAMMENARBEIT IN EUROPA (KSZE), HELSINKI, 1972

Der Schweizer Diplomat Edouard Brunner (1932–2007) beschreibt in seiner 2002 erschienen Autobiografie «Lambris dorés et coulisses. Souvenirs d'un diplomate» seine Zusammenarbeit mit Ernst Rudolf Leo Bindschedler wie folgt:

«Aus praktischen Gründen regelte man zuerst die Frage der Konferenzsprachen. Zu Beginn wurden drei offizielle Sprachen zugelassen: Englisch, Französisch und Russisch. Während der Vorbereitungen wurden wir jedoch von Seiten der Bundesrepublik Deutschland ersucht, sie in ihrem Bestreben zu unterstützen, damit Deutsch als vierte offizielle Konferenzsprache zugelassen werde. Botschafter Bindschedler, selber aus Zürich stammend und in Bern mit dem Dossier beauftragt, befürwortete diesen Antrag nicht gerade. Dennoch stimmte er zu, aber nur unter der Bedingung, dass auch Italienisch zugelassen werde. Gesagt, getan. [...] Ungeachtet dessen, dass Deutsch als offizielle Sprache der KSZE zugelassen worden war, intervenierte mein Vorgesetzter, Botschafter Bindschedler, in Bern mit dem Dossier beauftragt, immer auf Französisch, oft die Sprache verunstaltend. Er bat mich, seine Reden zu schreiben. Ich fragte ihn, warum er denn nicht Deutsch spreche, was ja seine Muttersprache sei? Darauf antwortete er mir mit folgendem Geständnis:

Konferenz für Sicherheit und Zusammenarbeit in Europa. Eröffnungsrede des Präsidenten, Prof. Botschafter Bindschedler, Genf, 18. September 1973.

«Würde ich das tun, würden meine deutschen und österreichischen Kollegen sich wegen meines starken Zürcher Akzents ins Fäustchen lachen. Auf Französisch habe ich diesen Akzent natürlich auch. Aber weil alle wissen, dass dies nicht meine Muttersprache ist, wird man mir diesen entschuldigen.»

Attraktives Angebot, aber nur drei Monate Kündigungsfrist

Einen von ihm begrüssten hierarchischen Einschnitt gab es 1961, als er aus heiterem Himmel einen Ruf als Ordinarius für Völkerrecht an einer bedeutenden ausländischen Universität erhielt. Bindschedler befand sich auf dem Höhepunkt seiner beruflichen Laufbahn und erwog den Wechsel in die Wissenschaft ernsthaft. Doch sein langjähriger Chef, Bundesrat Max Petitpierre, wollte den geschätzten Ratgeber und Experten nicht gehen lassen und machte ihm ein Angebot, das er nicht ablehnen konnte. Rudolf Bindschedler wurde von der Last der Routinegeschäfte, die bis zu Disziplinarsachen reichten, befreit und in die unabhängige, von administrativen Lasten unbeschwerte Funktion als völkerrechtlicher Rechtsberater erhoben. In dieser Position leistete Rudolf Bindschedler in den letzten zwanzig Jahren seiner Berufstätigkeit dem Bund wertvolle Dienste. Dass seine Stelle im Organigramm nicht vorgesehen und nur im Angestelltenstatus – mit einer Kündigungsfrist von drei Monaten – geführt wurde, gab ihm höchstens gelegentlich zu selbstironischen Bemerkungen Anlass.

Gross ist die Zahl der gewichtigen Dossiers, die in den 37 Jahren seines Bundesdienstes über Rudolf Bindschedlers Schreibtisch gegangen sind. Nach dem Krieg gab es zunächst viele komplizierte internationale Fälle im Entschädigungsrecht zu bearbeiten. Mit Überzeugung befürwortete Bindschedler schon früh, was später zur Maxime der schweizerischen Aussenpolitik werden sollte: aktive Teilnahme der Schweiz an der internationalen Zusammenarbeit, Pflege der friedlichen Konfliktregelung vor allem durch internationale Schiedsgerichtsbarkeit. Dank ihm leistete die Schweiz über Jahrzehnte hinweg wertvolle Beiträge zur ständigen Weiterentwicklung und Kodifikation des Völkerrechts.

Für den Beitritt zur «üblen Gesellschaft»

Als die Frage eines schweizerischen Beitritts zur UNO noch kein Thema war, suchte er nach Möglichkeiten der indirekten Mitarbeit. Als überzeugter Anhänger der bewaffneten Neutralität und bei allen Vorbehalten gegenüber der UNO (die er im vertrauten Kreise schon mal als «üble Gesellschaft» bezeichnete), war er für einen Beitritt der Schweiz. Er liess aber keine Zweifel daran, dass dieser nur unter Beibehaltung ihrer dauernden und bewaffneten Neutralität in Frage kommen könne. Eine internationale Anerkennung der besonderen Art war die 1963 erfolgte Wahl Rudolf Bindschedlers zum Mitglied des Ständigen Schiedsgerichtshofes in Den Haag.

Eine immer wiederkehrende Kernfrage im Arbeitsalltag, in den Vorlesungen und Vorträgen war die Frage der schweizerischen Neutralität. Willy Spühler, Bindschedlers Freund und Chef von 1966 bis 1970, sagte es aus Anlass des

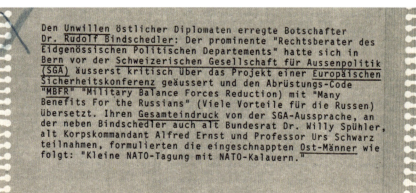

Ausschnitt aus «BERN VERTRAULICH», Sonntags Journal 5 vom 29./30. Januar 1972.

Rücktritts seines Chefexperten so: «Für ihn verpflichtet Neutralität nicht zum Abseitsstehen und verbietet eine am internationalen Leben aktiv anteilnehmende Aussenpolitik nicht. So wenig er von einem leeren Verbalismus etwas hält, so sehr ist er bereit, den beträchtlichen Freiraum, über den der neutrale Staat verfügt, zum nationalen Vorteil und zur Verfolgung einer Politik des Friedens und der internationalen Sicherheit zu nutzen.» (NZZ vom 29. Sept. 1980)

Dem ausserordentlichen Einsatz und der Insistenz von Ernst Rudolf Bindschedler ist es zu verdanken, dass das Politische Departement bereits kurz nach dem Zweiten Weltkrieg, im Jahr 1950, einen eigentlichen Völkerrechtsdienst gründete, dem Bindschedler bis 1961 vorstand. Danach amtete er – nicht nur in seinem vorbehaltlosen Pflichtgefühl, sondern vor allem in Ehrfurcht und Liebe zu unserem Land – als unabhängiger Rechtsberater des Departements für Auswärtige Angelegenheiten, wo er sich u. a. nachdrücklich für die Kodifikation des Völkerrechts nach schweizerischer Konzeption einsetzte. Auch für die internationale Schiedsgerichtsbarkeit trat er mit aller Kraft ein und versuchte immer wieder, deren Elemente in die Völkerrechtskodifikationen einzubauen.

«ER IST NIE EIN LEISETRETER GEWESEN!»
Bundesrat Willy Spühler über Botschafter Rudolf Bindschedler

«In ihm hatte das Politische Departement gewissermassen seinen ständigen Hausexperten, dessen Beratung jedoch aus einer Stellung völliger Unabhängigkeit erfolgte. Nie hätte er sich zu einer vorbestellten Meinungsäusserung hergegeben. Die Verwaltung musste sich allfällig damit abfinden, in einer konkreten Frage eine Antwort zu erhalten, die ihren Intentionen nicht diente. Wen diese unbequeme Eigenwilligkeit irritieren mochte, konnte nicht übersehen, dass die Berichte von Bindschedler immer Ausfluss einer sachlichen Überzeugung waren, die ihren Massstab an der wissenschaftlichen Strenge nahm. Seine Gutachten zeichneten sich durch eine klare, jede Vieldeutigkeit meidende Ausdrucksweise aus. Seine Gabe der sicheren und raschen Formulierung kam ihm an den internationalen Konferenzen zugut. Auch dort hat er sich nie geschehut, seine Meinung offen auszusprechen. Er ist nie ein Leisetreter gewesen. Auch gegenüber Vertretern von Grossmächten hat er gewagt, unverblümt das Kind beim Namen zu nennen.»

«Neue Zürcher Zeitung», 29. Sept. 1980
aus Anlass des Rücktritts

Dankesschreiben anlässlich des Austritts aus dem Eidgenössischen Departement für Auswärtige Angelegenheiten, 29. September 1980.

Bibliografie

Archive und Dokumentationen

Archiv der Familienstiftung Rudolf G. Bindschedler, Bern

Firmenarchiv der Novartis AG, Basel

*Landesarchiv Baden-Württemberg –
Abt. Staatsarchiv Ludwigsburg*

Schweizerische Nationalbibliothek, Bern

Staatsarchiv des Kantons Basel-Stadt, Basel

Staatsarchiv des Kantons Zürich, Zürich

Gedruckte Quellen und Literatur

Einleitung

Heinrich von Herdiberg, genannt Bintschedler: *Urkunde StAZ C II 1 Nr. 352, Original, Pergament, Siegel hängt,* in: Urkunderegesten des Staatsarchivs des Kantons Zürich, 1336–1369, Zürich.

Rosenbohm-Bindschädler, Rolf: *Was bedeutet der Familienname Bindschedler?* Zürich 1984.

Schmid, Stefan G.: *Die Zürcher Kantonsregierung seit 1803,* Zürich 2003.

Stauber, Emil, Dr.: *Aus der Geschichte des Geschlechtes Bindschedler.* Nach einem unveröffentlichten Manuskript aus den 30er-Jahren des 20. Jahrhunderts.

Stauber, Emil, Dr.: *Das Geschlecht von Herrliberg,* in: Zürichsee-Zeitung, Jahrgang 1935, Nr. 93.

Zu Robert Bindschedler

Appenzeller, Stephan: *Was Zürich mit Basel chemisch verbindet,* in: Bulletin ETH Zürich Nr. 282/ September 2001.

Birnstiel, J. G., Pfarrer: *Zur Erinnerung an Herrn Dr. Robert Bindschedler,* Personalien und Leichenrede gehalten am 23. August 1901 in der Matthäuskirche in Basel.

Bodmer, Walter: *Die Entwicklung der schweizerischen Textilwirtschaft im Rahmen der übrigen Industrien und Wirtschaftszweige,* Zürich 1960.

Erbacher, Felix: *Die Wegbereiter der Ciba,* in: Basler Zeitung vom 17. Dezember 2012.

Gesellschaft für Chemische Industrie in Basel 1884–1934, Festschrift, Zürich 1934.

Hauser, Albert: *Schweizerische Wirtschafts- und Sozialgeschichte,* Erlenbach/Stuttgart 1961.

Jaquet, Nicolas: *Die Entwicklung und volkswirtschaftliche Bedeutung der schweizerischen Teerfarbenindustrie,* Inaugural-Dissertation, Basel 1923.

Knoepfli, Adrian: *Die Winterthurer Väter der Ciba,* in: Der Landbote, 17. August 2013.

Knoepfli, Adrian: *Robert Gnehm. Brückenbauer zwischen Hochschule und Industrie,* Schweizer Pioniere der Wirtschaft und Technik, Bd. 102, hrsg. vom Verein für wirtschaftshistorische Studien, Zürich 2014.

Nachträglicher Bericht des Bundesrathes an die Bundesversammlung betreffend Einführung des gesetzlichen Erfindungsschutzes in der Schweiz, in: Bundesblatt, 20. Juni 1881, Band 3, Heft 28. S. 443–450.

Bericht aus dem Gerichtssaal, in: National-Zeitung vom 4. Februar 1900, Basel.

Nachruf auf Dr. Robert Bindschedler, in: National-Zeitung vom 24. August 1901, Basel.

Aus dem Gerichtssaal. Antipyrinprozess gegen Robert Bindschedler, in: NZZ, Beilage zu Nr. 34, 3. Februar 1900.

Unglücksfälle und Verbrechen, in: NZZ, Nr. 189, zweites Abendblatt, 10./11. Juli 1900.

Schaad, Nicole: *Chemische Stoffe, giftige Körper. Gesundheitsrisiken in der Basler Chemie, 1860–1930,* Zürich 2003.

Straumann, Tobias: *Die Schöpfung im Reagenzglas. Eine Geschichte der Basler Chemie (1850–1920),* Basel/Frankfurt a.M. 1995.

Tamm, Christoph: *Universität und Industrie,* in: Chemie in der Schweiz. Geschichte der Forschung und der Industrie. Busset, Thomas et al. (Hrsg.), Basel 1997, S. 64 ff.

Zu Andreas Bindschedler

Bindschedler, Andreas: *Memoiren,* Zürich 1883.

Bodmer, Walter: *Die Entwicklung der schweizerischen Textilwirtschaft im Rahmen der übrigen Industrien und Wirtschaftszweige,* Zürich 1960.

Fritzsche, Bruno / Lemmenmeier, Max: *Das Jahrhundert der Revolutionen,* in: Geschichte des Kantons Zürich, Band 3, 19. und 20. Jahrhundert, Zürich 1994.

Mangold, F. / Sarasin, H. F.: *Industrie-Gesellschaft für Schappe. Entstehung und Entwicklung 1824–1924,* ein Beitrag zur Geschichte der Florettspinnerei, Basel 1924.

Peyer, Hans Conrad: *Von Handel und Bank im alten Zürich,* Zürich 1968.

Ruffieux, Roland: *Die Schweiz des Freisinns (1848–1914),* in: Geschichte der Schweiz und der Schweizer, 4. Auflage, Lausanne/Basel 1986/2006.

Traupel, R.: *Ciba- Rundschau – Schappe,* Nr. 121, Basel, Juni 1955.

Wecker, Regina: *Neuer Staat – neue Gesellschaft. Bundesstaat und Industrialisierung (1948–1914),* in: Die Geschichte der Schweiz, Basel 2014.

Zeller, Christian: *Globalisierungsstrategien – Der Weg von Novartis,* Berlin/Heidelberg/New York 2001.

Zu Albert Bindschedler

http://de.wikipedia.org/wiki/Z%C3%BCriputsch

Patentakte von Escher & Wyss, Ravensburg, 1861. http://www.landesarchiv.bw-de/plink/?f=2-316707-1

Zu Rudolf Gottfried Bindschedler

Bindschedler, Rudolf G.: *Biografische Notizen.*

Bindschedler, Rudolf G.: *Reiseberichte der Amerika-Reisen zwischen 1922–1937.*

Bonhage, Barbara: *Unternehmerische Entscheidungen im Spannungsfeld gesamtwirtschaftlicher Veränderungen.* Eine Fallstudie über den organisatorischen Wandel der Bank für Elektrische Unternehmungen in der Zwischenkriegszeit und im Zweiten Weltkrieg. Lizentiat, Universität Zürich, Zürich 1998.

Steigmeier, Andreas: *Power on. Elektrowatt 1895–1995.* Elektrowatt, Zürich 1995.

http://www.wirtschaftslexikon24.com/d/dawes-plan/dawes-plan.htm

https://www.dhm.de/lemo/kapitel/weimarer-republik/aussenpolitik/young-plan-1929.html

Zu Ernst Rudolf Leo Bindschedler

Brunner, Edouard: *Lambris dorés et coulisses. Souvenirs d'un diplomate,* Chêne-Bourg/Genève/Paris 2001.

Diez, Emanuel: *Botschafter Bindschedler als Rechtsberater des politischen Departements,* in: Festschrift für Rudolf Bindschedler, Bern 1980.

Probst, Raymond: *Zum Gedenken an Professor Rudolf Bindschedler,* in: NZZ, 28. März 1991.

Spühler, Willy: *Zum Rücktritt von Professor Rudolf L. Bindschedler,* in: NZZ, Zürich 29. September 1980.

Stamm, Konrad: *Porträts zur Aussenpolitik (VII): Enttäuschter Kämpfer gegen Opportunismus. Botschafter Rudolf Bindschedler, Rechtsberater des EDA, zieht eine nüchterne Bilanz,* in: Der Bund, Bern 16. November 1979.

Bildnachweis

Archiv der Familienstiftung
Rudolf G. Bindschedler, Bern
9, 17 (Foto von Rachel Morgan Liechti),
34, 42 (Foto von Rachel Morgan Liechti),
43 (Foto von Rachel Morgan Liechti),
48, 51 (oben), 53, 54, 62, 65 (oben),
66, 69, 72, 73, 76, 77, 78, 81, 83, 84, 85, 88, 89

Collections CEGES/SOMA, Brüssel
Umschlagsinnenseite hinten, Bild Nr. 132404

Der Zürichsee. 34 Ansichten nach den 1794
bei Johannes Hofmeister erschienenen
kolorierten Stichen von Heinrich Brupbacher.
Ulrich, Conrad (Hrsg.), Zürich, 1966
13 (oben)

Firmenarchiv der Novartis AG, Basel
Umschlagsinnenseite vorne, 18, 21, 23 (oben),
23 (unten, Foto von Rachel Morgan Liechti),
24 (Foto von Rachel Morgan Liechti),
25 (Foto von Rachel Morgan Liechti),
27 (Foto von Rachel Morgan Liechti),
29 (Foto von Rachel Morgan Liechti),
33 (Foto von Rachel Morgan Liechti)

Keystone AG
86, KSB 05301

Landesarchiv Baden-Württemberg –
Abt. Staatsarchiv Ludwigsburg
58, 59, 61

Schweizerische Nationalbibliothek, Bern
13 (unten), 47

Wikimedia Commons
51 (unten)
D-BW-Friedrichshafen_-_Weilermühle.jpg

www.alt-zueri.ch
65 (unten)

www.schwaebische.de
57

Dank

Die vorliegende Publikation verdanken wir der Rudolf G. Bindschedler-Familienstiftung. Unser herzlicher Dank gilt an dieser Stelle dem Delegierten des Stiftungsrates, Georges L. Bindschedler, der das Projekt initiierte und mit Enthusiasmus begleitete. Insbesondere danken wir auch Martin Bindschedler, dessen unermüdliche Erforschung der Familiengeschichte die Basis dieses Buches bildet und der uns stets mit Rat und Tat unterstützte.

Unser herzlicher Dank gilt zudem Susanna Ruf und Bernhard Ruetz vom Verein für wirtschaftshistorische Studien, die für die professionelle Realisierung dieses Bandes besorgt waren.

Des Weiteren bedanken wir uns bei folgenden Personen herzlich für die Unterstützung in Bezug auf die Beschaffung des abgedruckten Bildmaterials:
– Florence Wicker, Walter Dettwyler und Philipp Gafner vom
  Novartis Firmenarchiv in Basel
– Ute Bitz vom Landesarchiv Baden-Württemberg
– Isabelle Sampieri von CEGES/SOMA in Brüssel
– dem Team der Schweizerischen Nationalbibliothek in Bern sowie
– dem Team des Staatsarchivs des Kantons Zürich in Zürich.

www.bindschedler.name
Auf der genealogischen Website der Rudolf G. Bindschedler-Familienstiftung sind für die interessierte Leserschaft viele der in dieser Publikation erwähnten Dokumente in voller Länge einsehbar, wie beispielsweise die Memoiren von Andreas Bindschedler, die Pläne der Produktion von Bindschedler & Busch oder die Reiseberichte von Rudolf G. Bindschedler.

Neben den Dokumenten zu den hier porträtierten Personen sind rund 30 weitere Biografien von interessanten Bindschedler-Persönlichkeiten aufgeschaltet sowie einige von nicht weniger interessanten anverwandten Personen. Nachfolgend eine Auswahl:
Ida Bindschedler (1854–1919), Lehrerin und Kinderbuchautorin
Maria Bindschedler (1920–2006), Professorin für germanistische Philologie
Denise Bindschedler-Robert (1920–2008), Professorin für Völkerrecht und Richterin am Europäischen Gerichtshof für Menschenrechte in Strassburg
Pierre César (1853–1912), Christkatholischer Pfarrer, Autor und Journalist in St. Imier.

Band 97

«Swiss Gang»
*Pioniere der
Erdölexploration*

«Erdölbohrtürme sind in der Schweiz rar gesät. Und dennoch ist die Geschichte der Suche nach dem schwarzen Gold eng mit dem Alpenland, genauer: mit seinen Geologen, verbunden. Die bunten Lebensläufe der Schweizer Erdölsucher bestätigen die Formel, dass der wahre Rohstoff der Schweiz in den Köpfen und Fähigkeiten der Menschen liegt.»

Gerald Hosp, Neue Zürcher Zeitung

Band 98

Arthur Welti
*Reporter – Regisseur –
Radiolegende*

«Arthur Welti war nur ein Name aus der Vergangenheit für mich. Jetzt aber steht er quasi lebendig vor mir: ein hochgebildeter, vieltalentierter Pionier aus einer Zeit, in der das Radio sich erfand. Welti, der schöpferische Künstler, hat es miterfunden. Und ich weiss nun: Wir zehren heute noch von diesem grossen Wegbereiter unseres Metiers.»

Ruedi Matter,
Direktor Schweizer Radio
und Fernsehen

Band 99

Pioniere des Glarnerlandes
Spinnen – Weben – Drucken

«Viele Unternehmen im Glarnerland erbringen seit dem 19. Jahrhundert den Beweis, dass eine periphere Lage in den Bergen kein Hindernis ist, sich auf dem Weltmarkt zu behaupten. Dynamischen, flexiblen Unternehmern gelingt es immer wieder, neue innovative Nischen zu finden, sie zu nutzen und ein lukratives Geschäft zu entwickeln.»

Hans Jakob Streiff,
ehemaliger Museumsleiter
Thomas-Legler-Haus

Band 100

Schweizer Erfolgsgeschichten
Pioniere, Unternehmen, Innovationen

Wagemutige Höhenflüge, riskante Abenteuer und zukunftsweisende Unternehmungen: Damit beschäftigt sich der Band 100 von Joseph Jung. In 17 überraschenden Thesen werden die typischen Eigenschaften von Pionieren sowie die Erfolgsfaktoren für pionierhaftes Handeln in einer differenzierten Analyse unter die Lupe genommen. Der Jubiläumsband bietet einen umfassenden Überblick über die bisher publizierten Pionierbände.

Band 101

SV Group
Die einzigartige Geschichte der SV Group

«Von der rustikalen Soldatenstube zum raffinierten Gastrokonzern oder wie sich Gemeinnutz und Geschäft harmonisch verschränken: Die tüchtige, selbstbewusste Else Züblin-Spiller tat Gutes, sprach darüber und wurde zur Kantinenkönigin der Schweiz – eine einzigartige Geschichte.»

Manfred Rösch,
Finanz und Wirtschaft

Band 102

Robert Gnehm
Brückenbauer zwischen Hochschule und Industrie

«Robert Gnehm war eine überragende Gestalt unter den schweizerischen Industriellen seiner Zeit. Als Direktor, Verwaltungsrat, Professor und Hochschulpolitiker half er entscheidend mit, die junge, unstete Chemieindustrie in einen starken, dauerhaften Wirtschaftszweig umzuformen.»

Prof. Dr. Tobias Straumann,
Universität Zürich

Band 103

Erhard Mettler
Gewagt – Gewogen – Gewonnen

«Entscheidend für den Zustand der schweizerischen Wirtschaft und ihrer Ordnung bleibt vielmehr, dass unternehmerische Leistungen, wie sie Dr. E. Mettler vollbracht hat, auch weiterhin möglich sind.»

Willy Linder,
Neue Zürcher Zeitung,
September 1980

Band 104

Wege nach Utopia
Visionäre der Mobilität

«Es wird diese Reise doch nicht ohne vielen Segen für mich ablaufen, wenn auch nicht für den Leib, doch für die Seele. Eine demüthigere Kenntnis meiner Selbst, eine grössere Einsicht in die Eitelkeit dieser Welt, mehreres Verlangen nach Gottes Gnade, Vertrauen auf ihn, und mehr Zufriedenheit mit meinen Umständen werden, wie ich hoffe, die Früchte meiner Reise seyn.»

Martin Planta,
zur Präsentation seiner Erfindung
in Paris, 1769

Die Reihe wird fortgesetzt. Alle Ausgaben finden Sie unter
www.pioniere.ch

Schweizer Pioniere der Wirtschaft und Technik

1. Philippe Suchard
2. J. J. Sulzer-Neuffert, H. Nestlé, R. Stehli, C. F. Bally, J. R. Geigy
3. Johann Jak. Leu
4. Alfred Escher
5. Daniel Jeanrichard
6. H. C. Escher, F.-L. Cailler, S. Volkart, F. J. Bucher-Durrer
7. G. P. Heberlein, J. C. Widmer, D. Peter, P. E. Huber-Werdmüller, E. Sandoz
8. W. Wyssling, A. Wander, H. Cornaz
9. J. J. Egg, D. Vonwiller
10. H. Schmid, W. Henggeler, J. Blumer, R. Schwarzenbach, A. Weidmann
11. J. Näf, G. Naville, L. Chevrolet, S. Blumer
12. M. Hipp, A. Bühler, E. v. Goumoens, A. Klaesi
13. P. F. Ingold, A. Guyer-Zeller, R. Zurlinden
14. Dr. G. A. Hasler, G. Hasler
15. F. J. Dietschy, I. Gröbli, Dr. G. Engi
16. Dr. E. Dübi, Dr. K. Ilg
17. P. T. Florentini, Dr. A. Gutzwiller, A. Dätwyler
18. A. Bischoff, C. Geigy, B. La Roche, J. J. Speiser
19. P. Usteri, H. Zoelly, K. Bretscher
20. Caspar Honegger
21. C. Cramer-Frey, E. Sulzer-Ziegler, K. F. Gegauf
22. Sprüngli und Lindt
23. Dr. A. Kern, Dr. G. Heberlein, O. Keller
24. F. Hoffmann-La Roche, Dr. H. E. Gruner
25. A. Ganz, J. J. Keller, J. Busch
26. Dr. S. Orelli-Rinderknecht, Dr. E. Züblin-Spiller
27. J. F. Peyer im Hof, H. T. Bäschlin
28. A. Zellweger, Dr. H. Blumer
29. Prof. Dr. H. Müller-Thurgau
30. Dr. M. Schiesser, Dr. E. Haefely
31. Maurice Troillet
32. Drei Schmidheiny
33. J. Kern, A. Oehler, A. Roth
34. Eduard Will
35. Friedrich Steinfels
36. Prof. Dr. Otto Jaag
37. Franz Carl Weber
38. Johann Ulrich Aebi
39. Eduard und Wilhelm Preiswerk
40. Johann J. und Salomon Sulzer, 2. Auflage
41. Fünf Schweizer Brückenbauer
42. Gottlieb Duttweiler
43. Werner Oswald
44. Alfred Kern und Edouard Sandoz
45. Johann Georg Bodmer
46. Sechs Schweizer Flugpioniere
47. Welti-Furrer
48. Drei Generationen Saurer
49. Ernst Göhner
50. Prof. Dr. Eduard Imhof
51. Jakob Heusser-Staub
52. Johann Sebastian Clais
53. Drei Schweizer Wasserbauer
54. Friedrich von Martini
55. Brown und Boveri, 2. Auflage
56. Philippe Suchard, 3. Ausgabe
57. Brauerei Haldengut
58. Jakob und Alfred Amsler
59. Franz und August Burckhardt
60. Arnold Bürkli
61. Von Schmidheiny zu Schmidheiny
62. Rieter (Band 1 Geschichte, Band 2 Technik)
63. Schweizer Flugtechniker und Ballonpioniere
64. Geilinger Winterthur
65. Die Zisterzienser im Mittelalter
66. Ludwig von Tetmajer Przerwa
67. Schweizer Wegbereiter des Luftverkehrs
68. Brauerei Hürlimann
69. Sechs Alpenbahningenieure
70. Zeller AG
71. Hermann Kummler-Sauerländer, 3. Auflage

72 Gottlieb Duttweiler
73 David und Heinrich Werdmüller
74 Vier Generationen Fischer, Schaffhausen
75 Aurel Stodola
76 Rudolf Albert Koechlin
77 Pioniere der Eisenbahn-Elektrifikation, 2. Auflage
78 Tuchschmid, Frauenfeld
79 Drei Generationen Wander
80 Schaffhauser Spielkarten
81 Sieben Bergbahnpioniere
82 Die Linthingenieure im 19. Jahrhundert
83 Bucher: Maschinen- und Fahrzeugbau
84 Fünf Pioniere des Flugzeugbaus, 2. Auflage
85 Heinrich Moser
86 Louis Favre
87 Salomon und Ulrich Zellweger
88 250 Jahre Landis Bau AG
89 Pioniere der Dampfschifffahrt
90 Carl Christian Friedrich Glenck
91 Fünf Generationen Badrutt
92 Zoo Zürich
93 Johann Albert Tribelhorn
94 150 Jahre Lenzlinger
95 Heinrich Fueter
96 Karl Heinrich Gyr
97 Schweizer Pioniere der Erdölexploration
98 Arthur Welti. Ein Schweizer Radiopionier
99 Glarner Textilpioniere
100 Schweizer Erfolgsgeschichten
101 Die einzigartige Geschichte der SV Group
102 Robert Gnehm
103 Erhard Mettler
104 Wege nach Utopia
105 Die Bindschedlers

In französischer Sprache:

1 Philippe Suchard
2 Daniel Jeanrichard
3 D. Peter, T. Turrettini, E. Sandoz, H. Cornaz
4 J. J. Mercier, G. Naville, R. Thury, M. Guigoz
5 M. Hipp, J. J. Kohler, J. Faillettaz, J. Landry
6 F. Borel, M. Birkigt, e.a.
7 E. Dübi, K. Ilg
8 Maurice Troillet
9 Charles Veillon
10 Alfred Stucky
11 René Wasserman
12 Zeller SA
13 Gottlieb Duttweiler
14 Louis Favre
15 Carl Christian Friedrich Glenck

In englischer Sprache:

1 Daniel Jeanrichard
2 E. Dübi, K. Ilg
3 Rieter (Vol. 1 History, Vol. 2 Technology)
4 From Schmidheiny to Schmidheiny
5 Five generations of the Badrutt family

Sonderpublikationen:

1 Sechs Jahrzehnte. Wandlungen der Lebenshaltung und der Lebenskosten ab 1900
2 100 Jahre Therma Schwanden
3 Alfred Escher
4 Hermann Kummler-Sauerländer: Ein Schweizer Elektrizitätspionier in Deutschland
5 Simplontunnel 1906. Wagnis Elektrifikation – Hermann Kummlers Leitungsbau
6 100 Jahre Genossenschaftsverband Schaffhausen
7 Erdöl in der Schweiz. Eine kleine Kulturgeschichte
8 Fritz Krüsi: Konstrukteur von Weltrang und Wegbereiter des modernen Holzbaus

Impressum

Verein für wirtschaftshistorische Studien

Vorstand:

Dr. Kurt Moser, Präsident
Dr. Hans Bollmann
Dr. Lukas Briner
Prof. Dr. Joseph Jung
Anna-Marie Kappeler
Christian Rogenmoser
Dr. Gerhard Schwarz

Geschäftsführer:

Clemens Fässler

Wissenschaftliche Mitarbeiterin:

lic. phil. Susanna Ruf

Geschäftsstelle:

Verein für wirtschaftshistorische Studien
Vogelsangstrasse 52
CH-8006 Zürich
Tel.: +41 (0)43 343 18 40
Fax: +41 (0)43 343 18 41
info@pioniere.ch
www.pioniere.ch

© Verein für wirtschaftshistorische Studien, Zürich
Alle Rechte vorbehalten

Judith Burgdorfer/Karl Lüönd: «Die Bindschedlers. Bürgersinn – Wagemut – Innovation. Fährten einer Schweizer Familie in Wirtschaft und Technik im 19. und 20. Jahrhundert», Schweizer Pioniere der Wirtschaft und Technik, Bd. 105, hrsg. vom Verein für wirtschaftshistorische Studien, Zürich 2015.

Redaktion und Lektorat: lic. phil. Susanna Ruf
Gestaltungskonzept: Angélique El Morabit, Arnold.KircherBurkhardt AG
Realisation: Samira Moschettini, Arnold.KircherBurkhardt AG
Produktion: R+A Print GmbH, CH-8752 Näfels

ISBN 978-3-909059-67-6

Das Präsidententreffen in Basel vom 14. Dezember 1931. Die Sitzung der Internationalen Zahlungsbank. Ganz links: Dr. R. G. Bindschedler (Schweiz).